世界の非ネイティブエリートがやっている 英語勉強法

斉藤 淳

KADOKAWA

Prologue

「英語、今度こそ!」 というあなたに…

イェール大学を辞めて、日本で英語塾の先生??

　私は2012年3月まで、イェール大学の助教授として政治学を教えていました。いまは英語塾の代表をしています。

「え？　イェール大学を辞めてまで、英語塾をやりたかったんですか!?」

　とよく聞かれます。イェール大学は、ハーバード、プリンストンとならび、アメリカの大学としては世界に知られる名門中の名門。2013年にも教員から2人のノーベル賞受賞者が誕生しました。

　私がイェールを辞めたのは42歳のとき。「学者としてまだまだこれから」という時期でしたから、「日本で英語塾をやりたい」という話をしたときには、周囲の人からとても驚かれました。

　イェールを去った私が、いま中高生たちに英語を教えているのには、実のところ、**ちょっとした理由**があります。

イェール大学でも「日本人だけ」英語ができない!?

　イェールで教鞭を取っていたころ、私はある危機感を募らせていました。それはずばり「日本人の英語力」についてです。

イェール大学には毎年のように、世界中から超優秀な若者たちがやって来ます。とくに、中国・韓国・台湾からの留学生は増え続けており、その数はもはや日本人留学生を圧倒的に上回っているほどです。

彼らと日本人留学生を比較すると、英語の実力にかなり大きな差が見られるようになってきました。

中国・韓国・台湾から来る留学生たちは、アメリカに来た時点でそれなりに英語ができるし、年を追うごとにその水準は上がってきている。一方、**日本人留学生は、英語レベルがもともと低かったうえに、近年もずっと下手なままです。**

私はこの事実に内心、危惧を抱きながら、アメリカでの日々を過ごしていました。

10年やって「できない」のは、「根本的誤り」がある証拠

イェール大学に留学するくらいですから、彼らは日本ではかなりのエリートだったはずです。

しかし、普段のコミュニケーションはもちろんのこと、ディベートの授業でも、教科書などの予習でも、日本人留学生の多くが非常に苦労していたのを私は知っています。

留学先がマイナーな言語圏の大学だというなら、まだ話はわかります。

しかし、彼らができないのは「英語」です。

大学院生として留学してくる人なら、中学・高校・大学と約10年も勉強してきたはずなのに、**どうしてこんなに日本人だけ英語ができないのか。**

これは彼らのキャリアにとってマイナスというだけではありません。

日本でエリートとされる人材の英語力がこの程度だということは、日本の国益は今後大きく損なわれてしまうのではないか？──私が英語塾の経営に乗り出した背景には、そんな問題意識がありました。

私はいつから英語を話せるようになったのか？

「そこまで偉そうに言うのなら、お前の英語力はどうなんだ？」と聞かれそうですが、私自身はネイティブスピーカーでも帰国子女でもなく、山形県酒田市の米農家で生まれ育った生粋（きっすい）の日本人です。

高校生まではかなり訛（なま）りの強い庄内弁（しょうないべん）を話していましたから、大学入学のタイミングで上京して初めて「日本語の標準語」がやっと話せるようになったくらいで、山形にいたころは、英語を話す人などまわりに1人もいませんでした。

Prologue 「英語、今度こそ！」というあなたに…

　その後、留学の期間も合わせると、およそ14年をアメリカで過ごしましたが、**実のところ、私はいまだに「英語を満足に話せるようになった」と思っていません。**

　実際、2歳から10歳までアメリカで育った娘からは、「お父さん、いまの発音、おかしいよ」などと日頃から言われたりもしています。

　そんな私が「英語塾の起業」という一見無謀な試みをしたのは、**それなりの「勝算」があったからにほかなりません。そのヒントは、「イェール大学の語学授業」にありました。**

1年学べば「映画の7割程度」が理解できるレベルに

　MBA取得のためにイェールに留学したある日本人から聞いた話です。

　彼はイェールで中国語の授業を1年間だけ履修していたのですが、帰国するときにびっくりしたそうです。というのも、**機内チャンネルで中国語の映画を見たところ、内容の7割が理解できてしまったから。たった1年でそこまで上達しているとは、本人も気づいていなかったようです。**

　私もイェールで留学生向けの「発音矯正プログラム」を受講したことがあります。その効果を身をもって実感しているので、彼の体験談は真実なのだとよくわかります。

7

こんな話をすると、「それは、イェールに来る学生たちが、もともと優秀だからでしょ？」と言う人がいます。たしかに選択する言語や個人の能力によっても差が出てくるとは思いますが、**イェールで外国語を1年間勉強すれば、それぐらいの語学力を習得することができます。**

何が言いたいのかというと、**「最も効率的な語学習得法」については、実のところ、もうすでに一定の「答え」が世界的に確立されている**ということです。

イェールはこの「世界標準の学習法」を実践している学校の1つであり、学生たちはそれに沿って**「語学習得の最短ルート」を走っているにすぎない**のです。

一方、日本の中学・高校の英語教員のうち、大学で外国語教授法の単位を取得した人は半数にも満たないそうです。要するに、病理学の基礎知識を持たない医師が、内科医を務めているようなもの。考えてみると恐ろしい現実ですよね。

英語習得への「最短ルート」を走り抜けよう!

そこで本書では、イェール大学で学生として学び、教員として教えた経験をベースにしながら、私自身が実践してきた（そして英語塾で実践している）英語学習法をお伝えしていきたいと思います。

Prologue 「英語、今度こそ!」というあなたに…

　とはいえ、**ほとんどの日本人は、すでに学校教育を通じた「誤った方法」で英語を学んでしまっている**。それは英語習得の「最短ルート」とは言えないどころか、ゴールにもつながっていない「堂々めぐりの道」です。また、その堂々めぐりにマゾヒスティックな快感を覚えて、英語を「修行」か何かだと勘違いしている人も多い。

　そんな道に迷い込んでしまったせいで、「自分は英語ができない」「苦手だ」と思い込んでいる人が実にたくさんいます。

　しかし、本当はそんなことはない。
　あなたが英語を使えないのは、学び方や教え方が間違っているから。世界のエリートたちがやっている「標準的な学び方」を実践しさえすれば、英語を使いこなすことなど、実は誰にでもできることなのです。

　英語は誰にでもマスターできる!
　さあ、「英語の最短距離」を走り抜け、未来の可能性を高めていきましょう。

世界の非ネイティブエリートが
やっている英語勉強法
Contents

Prologue

「英語、今度こそ!」
というあなたに…

■ イェール大学を辞めて、日本で英語塾の先生?? ——— 004

■ イェール大学でも「日本人だけ」英語ができない!? ——— 004

■ 10年やって「できない」のは、「根本的誤り」がある証拠 ——— 005

■ 私はいつから英語を話せるようになったのか? ——— 006

■ 1年学べば「映画の7割程度」が理解できるレベルに ——— 007

■ 英語習得への「最短ルート」を走り抜けよう! ——— 008

Chapter 1

世界の非ネイティブエリートは英語をどう学んでいるのか?

[語学習得法①]
イェール大学の学生たちは、
語学をどう身につけているか? —————— 020

[語学習得法②]
頭を使うだけでなく、全身でダイレクトに学ぶ —————— 024

[語学習得法③]
「状況」に飛び込もう!!「動画」が最強のツールだ —————— 027

[語学習得法④]
「動画」で学んだ知識は、使いやすく、忘れにくい —————— 032

Chapter 2

世界の非ネイティブエリートがやっている発音習得法

[発音①]
正しい発音はネイティブから学べない —————— 042

[発音②]
発音記号を知ると、発音がよくなる ——— 047

[発音③]
ABCを「本来の音」で正しく読めますか? ——— 051

[発音④]
「本物の発音」をつくるなら、除菌ティッシュと鏡 ——— 054

[発音⑤]
声を1オクターブ下げて「腹式呼吸」で発声する ——— 058

[発音⑥]
語末の「t」の音は、語頭の「息」で決まる ——— 060

[発音⑦]
シャドーイングは「単語」にはじまり、「演説」に終わる ——— 062

[発音⑧]
音声を「スペル」にせず、「音」のまま再現する ——— 066

[発音⑨]
「R/L」の違いではなく、
「R/L/ラ行」の違いを押さえる ——— 068

[発音⑩]
家でこっそり練習するなら、
iPhoneにコーチしてもらおう ——— 071

Chapter 3

世界の非ネイティブエリートが
やっている単語習得法

[ボキャブラリー 入門編①]
単語には「意味」ではなく、「絵」を結びつけるべき —— 074

[ボキャブラリー 入門編②]
「奥行きのある語彙力」は「動画」で身につく —— 078

[ボキャブラリー 初級編①]
**単語への「反応速度」を上げる
「TPR環境」のつくり方** —— 081

[ボキャブラリー 初級編②]
前置詞は「日本語の意味」を覚えてはいけない —— 083

[ボキャブラリー 中級編]
使えるボキャブラリーは、「単語帳」では増えない —— 087

[ボキャブラリー 上級編]
**語彙数を「爆発」させるには、
「英語以外」を学ぶといい** —— 090

[ボキャブラリー 番外編]
辞書のカバーを捨てて、「準備体操」をさせよう —— 093

Chapter 4

世界の非ネイティブエリートが
やっている文法習得法

［グラマー 入門編①］
日本人には有理な「短期集中」型の文法復習 —— 098

［グラマー 入門編②］
「論理的」に読みながら、「英語の勘」を養うには? —— 103

［グラマー 初級編①］
イェールの学生もやっている「文法の丸暗記」とは? —— 106

［グラマー 初級編②］
「時制」の理解が進むと、英文法は飛躍する —— 108

［グラマー 中級編①］
英語のニュアンス、9割は「助動詞」に —— 114

［グラマー 中級編②］
couldはcanからの「2つの距離」を示している —— 117

［グラマー 上級編］
**「状況のストック」に加えて、
「ロジカルな理解」も求められる** —— 121

Chapter 5

世界の非ネイティブエリートが
やっている最強の英語勉強法

[スピーキング①]
「読む・聞く・書く」よりも、
まず「話す」を優先すべき理由 ——————— 126

[スピーキング②]
エリートの反射神経も、
「パターン」と「メモ」から成り立つ ——————— 128

[スピーキング③]
自分の英会話を「客観視」できていますか? ——— 130

[スピーキング④]
「自分を語れない」かぎり、その言葉はマスターできない — 132

[ライティング①]
「声に出す」ように「文字にする」のが第一歩 ——— 135

[ライティング②]
butから英文を書きはじめてはいけない ——————— 138

[ライティング③]
「書き方」を知っている人は、「読む」のが圧倒的に速い — 144

〔リスニング①〕
「リスニングが最も難しい」と断言できる理由 —— 154

〔リスニング②〕
動画ニュースを書き起こすと、一挙両得になる —— 159

〔リスニング③〕
「これ!」と決めたら、500回繰り返そう —— 161

〔リーディング①〕
まず一冊、英語で本を読んでみよう —— 162

〔リーディング②〕
「英語のため」ではなく、「自分のため」に英文を読む —— 164

Chapter 6

世界の非ネイティブエリートは英語を「勉強」しない

■ 「修行」を続けていても、あなたの世界は広がらない —— 170

■ 大人のほうが、英語を短期間で学びやすい —— 175

■ ネイティブスピーカーへの幻想はもう捨てよう —— 179

Epilogue

イェールを辞めた私が、
英語塾をはじめた理由

- とにかく英語を使うのが楽しかった —————— 184

- イェールでは英語で苦労したことも… —————— 187

- なぜ「大学の先生」ではなく、「塾の先生」なのか ——— 189

- 英語を使って新しい世界に繰り出そう ————— 191

- 文庫化あとがき ——————————————— 194

本文デザイン：小口翔平＋喜來詩織(tobufune)
協力：野口孝行

本書は、2014年2月に小社より刊行された同名単行本を
文庫化にあたり再編集したものです。
「おすすめ教材」は、2016年11月時点での情報です。

Chapter 1

世界の
非ネイティブエリートは
英語をどう学んでいるのか?

イェール大学式［語学習得法］とは？❶

イェール大学の学生たちは、語学をどう身につけているか？

　大学院生、そして助教授として、私が10年間ほど在籍したイェール大学は、とくに語学教育を看板にした大学というわけではありませんが、**実のところ、50ほどの言語を教えています。**

　日本の外国語大学としてトップである東京外国語大学でさえ、教えられている言語数は28ですから、イェールの語学教育がいかに充実しているか、十分ご理解いただけるのではないでしょうか。

　そうした環境のなかで、世界中から集まる優秀で意欲的な学生たちが、それぞれの目的や興味に合った言語を学んでいるわけです。

　イェール大学在職時、私は東アジア研究専攻の主任を2年間ほど務めました。この役職は専攻内容に関してだけでなく、そこに所属する学生たちの**語学習得**についても責任を持つことになっています。そのため私は、イェールの学生たちが、どのように日本語や中国語、韓国語を学んでいるかをよく知る機会にも恵まれました。

　彼らがいったいどういうふうに語学を学んでいるか、まずは紹介しておきましょう。

「授業外」でも外国語漬けの環境が用意されている

　イェール大学は2学期制をとっており、1学期の長さは13週です。授業の長さは1回50分で、スピーキングを中心に週5回のペースで講義が進んでいきます。

　クラスの外でも独学できるようなサポートが充実しており、学生たちには会話練習用の音声・動画教材が用意されています。また、ランチタイムのカフェテリアには、言語別の**「ランゲージテーブル」**があり、中国語のテーブルに行けば中国語、スペイン語のテーブルに行けばスペイン語が話せるような環境が整っています。

　さらに近年、語学教育の改革の目玉として、**現地研修**を充実させています。秋学期から春学期までの26週間を通じてキャンパス内で語学を学ばせ、夏休みになると奨学金を出して、現地に語学研修に行かせるのです。
　現地研修中は一般家庭にホームステイをし、昼は語学学校で徹底的に勉強します。語学を短期間で習得しようとするのであれば、やはり現地に行って実際にその言語に触れることがベストです。

3年で「流暢に会話できるレベル」になれる

たとえば、イェール大学のアメリカ人学生が、日本語の授業に出席すると、3年後には相当なレベルで日本語会話ができるようになっています。

もちろん、日本語には「漢字」というバリアがありますから、「読み書き」にはある程度の限界があるのですが、4年続けて日本語を履修した学生のなかには、卒業論文で日本語の文献を使える水準にまで上達する人もいます。

こうした学生がさらに一段上の語学力習得を目指す場合には、日本人の大学院生が**学習補佐（チュータリング）**をしてくれる仕組みがあります。

大学院生へのアルバイト代は大学が払ってくれるので、学生には負担がかかりません。

「レベルに応じた授業」なので、ムダが少ない

少人数制もイェールの語学学習の特徴です。1クラスは多くても20人ほど。

日本の大学も、最近はそれくらいの規模で指導を行うことが増えているようですが、私が大学生だったころは1クラス40人の授業も当たり前でした。

また、イェールでは、ビギナーから上級者まで、レベルに応じた適切なサポート体制が整っています。

同級生たちの学習意欲もすこぶる高いので、**「語学を学ぶには最良の環境」** に限りなく近いと言っていいでしょう。

学年で輪切りにされて、「能力別指導」を受ける機会がほとんどなかった日本の学校とは、カリキュラム設計がかなり違います。

イェール大学式［語学習得法］とは？❷

頭を使うだけでなく、全身でダイレクトに学ぶ

イェール大学での語学授業の特色としては、**「ほかの言語を介さない」**ということも挙げられます。つまり、フランス語を教えるクラスでは、基本的にフランス語しか使われません。「これを英語に訳すと○○です」というような解説はされないわけです。

その理由としてはもちろん、英語とフランス語は言語学的に近接している言葉なので、文法的な細かい説明などは差し挟まず、そのまま教えるほうが効率的だということがあります。

しかし、**英語と「言語学的な隔たり」のある言語（たとえば日本語）の授業でも、英語が使われるのは最初の導入部分だけ**。あとは基本的にその言語で講義が進みます。

全身を使って学ぶ「イェール式TPR」とは？

このように、その言葉のなかにどっぷりと浸かるのが、イェール流の語学教育なのですが、これを象徴するような光景を目にして驚いたことがあります。

たとえば、日本語を履修している学生が、イェールのキャンパスで日本語の先生に会うと、「タナカ先生、おはようございます。お元気ですか？」と礼儀正しく挨拶し、会釈までして通り過ぎていくのです。

普通のアメリカ人なら、"Hi, Mr. Tanaka! How are you?"

とフランクに声をかけるところですが、イェールでは挨拶まで日本式を徹底させているのです。

このような指導の背景には、**語学教授法の世界でも認められつつある「TPR（Total Physical Response：全身反応教授法）」の発想**があるのではないかと思います。

これは本来は、命令文を主体に組み立てる幼児向けの教授法で、先生が"Jump!"と発声するのに対して実際に生徒が飛び跳ねるなど、身体全体を使って言語を学んでいくやり方です。

その言葉の「文化ごと」学んだほうが、効率がいい

比喩が適切かわかりませんが、相撲部屋に入った外国人力士は、短期間でも日本語を習得できますよね。もちろん本人の努力もあると思いますが、全身で日本語の世界に飛び込み、そのなかで身体を動かしていることが大きく影響しているのではないでしょうか。

一方、日本の英語教育では、文化的なことや、身体動作、ジェスチャーまでを含めて教えているかというと、そのようにはなっていません。また、教科書を見ても、花火だとか寿司だとか、日本の文化を英語で紹介する文章はたくさん出て

きても、英語を話す人たちの行動様式や文化的背景を紹介するコンテンツは十分ではありません。

本来なら「英語を通じて英語文化圏のことを学ぶ」のを主軸にするべきで、必要に応じて日本文化の紹介を学んでいくほうが効率的なのです。

「語学の専門医」から「体系化されたやり方」で学べる

イェール大学では、**教える側は誰もが語学教育の専門家**です。ここも日本の学校と違うところです。

日本の大学でドイツ語を学ぶ場合、その授業を担当するのは「ドイツ文学の専門家」です。つまり、文学を研究する傍らで、片手間にドイツ語を教えているという先生がほとんど。

一方、イェールでは外国語教授法の知識を持ち、外国語教育を専門にしている人が授業を受け持ちますから、学ぶ側にもムダな負担がかかりません。

さらに教育方法も組織的に構築されていますし、教材も基本的に決まったものを使います。日本の語学授業では、先生が「自己流」のカリキュラムや教材を用意していますから、「当たりハズレ」があります（どちらかというと「ハズレ」のほうが多いでしょうが…）。

イェール大学式〔語学習得法〕とは？❸

「状況」に飛び込もう!!
「動画」が最強のツールだ

　本書のPrologueのところで、「『語学習得にはどんな学習が最も効率的か？』については、すでに一定の『答え』が出ている」というお話をしました。

　具体的な学習メソッドについては、これ以降で解説していきますが、本書全体を貫く方法論にも関わるところなので、ここで**「動画」の重要性**について触れておきたいと思います。

パズルを解くような「学校英語の思考法」

　みなさんは、中学校・高校でどんなふうに英語を習ったでしょうか？

　細かな違いはあると思いますが、基本的には特定の項目の「基本文法」について解説があり、それを「応用」する例文などが紹介されるのが一般的ではないかと思います。

　これはいわば、「$y=ax+b$」という数式をまず教えて、変数である「x」に何かを当てはめれば、関数として「y」が出力されるというような考え方です。ここで変数にあたるのが「単語」、数式にあたるのが「文法」ですね。

27

このベースにあるのは19世紀言語学の考え方で、欧米の大学生がラテン語を学んでいた時代には、こうした解説がされていました。

　つまり、日本での**「文法訳読方式」**の英語学習は旧時代の手法であり、必ずしも効率的に外国語を学ぶやり方ではないのです。

■ 学校英語の考え方

文法の理解

Would you like some 〜?
（〜はいかがですか？）

↓

単語の理解

coffee：コーヒー［名］

↓

文の理解

Would you like some coffee?
（コーヒーはいかがですか？）

↓

状況の想像

学校英語と「真逆」が、最も効率がいい

現在、世界の標準的な語学教授法とされているのは、これとはちょうど正反対の方法です。

つまり、外国語を学ぶうえで、「文法」と「単語」を学び、「文」を理解してから「状況」を想像するという流れは、あまりに非効率。そうではなく、目の前に存在する「状況」に、対応する文法と単語を結びつけていくべきだというのです。

■正しい語学習得のプロセス

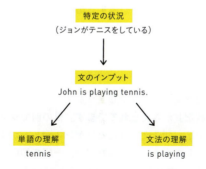

動画を使うと、「英語そのもの」にフォーカスできる

　そこで絶対に活用すべきなのが、「動画」です。なぜか？

　学校英語式の文法訳読法で学ぼうとするとき、目の前にある英文、耳に聞こえてきた英文は、**まったく意味不明な一種のパズル**としてあなたの前に登場します。

　あなたは、手持ちの「文法・単語」の知識をフル動員して、それを解読しようとする。そして、「きっとこういうことが言いたいんじゃないか？」と想像を働かせます。

　このとき、あなたの脳は少なくとも2種類の活動をしています。1つは「文を解読する働き」。もう1つは、その解読結果を手がかりに「状況を想像する働き」。

　文法訳読方式での英語学習に「すごく時間がかかる」のは、こういう複数の作業をいつもやらなければならないからなのです。

　動画を使う場合はどうでしょうか？

　まず「状況」が与えられています。目の前でジョンがテニスをしている。聞こえてきたセンテンスがしっかり聞き取れなかったとしても、表示された字幕が一瞬で理解できなかったとしても、「おそらくテニスの話をしているんだな」と推測できる。ラケットでボールを打つ音と一緒に英文が聞こえてくれば、それもヒントになります。

chapter 1 世界の非ネイティブエリートは英語をどう学んでいるのか?

　だからあとは、英文に集中するだけです。脳に「状況を想像する」という作業をさせる必要はありません。

　こうやって英文に触れているときは、「Johnが主語、is playingは現在進行形で、目的語がtennisだな」なんてことは考えません。

　"John is playing tennis." という音声（または字幕）と同時に、「ジョンがテニスをしている」ということをあなたはもう理解しているのですから。

31

イェール大学式［語学習得法］とは？❹

「動画」で学んだ知識は、
使いやすく、忘れにくい

人間本来の「言語習得メカニズム」を使うだけ

目に見える「状況」を補助輪にしながら、とにかく言葉をそのままインプットするという学び方は、実は子どもが母語を覚えるときに普通にやっている手順です。

赤ちゃんは文法を学ぶのではなく、まず「状況」を目にし、聞こえてきた音声から文法や単語を習得していきます。幼い子どもたちは、まず絵本の「イラスト」を眺めて、そこから母語を覚えますよね。私たちが英語を学ぶときも同じ段階を踏んでいけばいいのです。

イェール大学の語学の授業でも、動画が積極的に活用されますし、私の英語塾でも中学生のうちから、どんどん動画を見せるようにしています。

もちろん最初のうちは何を言っているのか、簡単な単語でもほとんど聞き取れないかもしれません。でも、心配しないでください。大事なのは、同じ動画を何十回も繰り返して見ることです。すると、聞き取れる部分がだんだんと増えていくはずです。

「英語の字幕」は使っていい

どうしても聞き取れないときや、自分が聞き取った内容を確認したいときには、**「英語の字幕」が出せる**DVDを使用し

ます。とくにアメリカで制作された映像の多くは、聴覚障害者への配慮として、英語字幕をつけることが義務づけられています。いわゆる「クローズド・キャプション」です。

　注意点としては、**「日本語の字幕」を使わないようにする**こと。動画を使った学習の際には、とにかく「映像が伝える状況」と「英語の音声（＋字幕）」をダイレクトにインプットすることにこだわってください。

　従来の英語教材にはほとんどの場合、日本語訳・文法解説が付属していますから、「日本語を見てはいけない」と言うと不安を覚える方も多いと思いますが、どうしても違和感が残った項目・わからなかった単語のみ、文法書や辞書で調べるようにします。

「状況」から学ぶと、「知識の定着度」がまったく異なる

　さらに重要なのは、**動画を使って「状況」から得た知識は、理解度においても定着度においても、学校教育のような「お勉強」を圧倒的に上回る**ということです。

　これについてはとくに単語学習のところ（Chapter 3）で触れますが、映像を見ながら単語を覚えるのと、単語帳の文字を眺めながら単語を覚えるのとでは、結果がまったく違ってきます。

動画とセットで覚えると、「実際にその単語がどういうシチュエーションで使われるのか」というニュアンスやイメージも含めて、まるごと頭にインプットすることができる。また、文字情報だけだとすぐに忘れてしまうこともありますが、「状況」の記憶を補助として使えば、かなり楽に単語を記憶できます。

　英語学習をはじめるとき（やり直すとき）は、動画を徹底的に活用するべきです。この方法は、話すための英語を学ぶ人だけでなく、大学入試やTOEIC/TOEFLなどの受験を目的に英語力を高めたい学習者にもおすすめです。
　単語帳や読解問題の「文字」だけを眺めて、うんうん唸りながら「見たこともない情景」を想像するのに頭を使うより、**すでにある映像のなかの英語を頼りに、単語や文法の知識を膨らませていったほうが絶対に忘れにくいからです。**

　いずれにせよ、いまの時代はYouTubeなどインターネット上にも、英語学習に使える無料の動画が無数にあります。こうした環境を最大限に活用して、最短ルートで英語を習得していきましょう。

chapter 1　世界の非ネイティブエリートは英語をどう学んでいるのか？

　動画を使って英語を身につける方法を実践していただくために、おすすめのものをいくつかピックアップしておきました。

初級者には子ども用アニメがおすすめ

　実は子どもが視聴するようなアニメでも、仮定法過去、仮定法過去完了など、文法的に難しいとされている表現はどんどん登場します。

　その都度ビックリせずに、動画を見ながらその状況のなかでどんな使い方がされているかも含めて覚えていくようにしましょう。

おすすめ教材

『Harold and the Purple Crayon』

（クロケット・ジョンソン［原作］）

ストーリー展開が単純であるにもかかわらず、さまざまなメタファーが凝っていて、大人でも十分に楽しめます。シャロン・ストーンがナレーションを担当していて、英語がきれいなのもおすすめポイントの1つ。

『The Cat in the Hat』

（Dr. Seuss[原作]）

アメリカの幼児が最初に手にする定番の絵本をアニメ化したもの。簡単なところから段階を踏むのであれば『Hop on Pop』『Dr. Seuss's ABC』『Green Eggs and Ham』『One Fish Two Fish Red Fish Blue Fish』『The Cat in the Hat』の順に。リズムに合わせて英語を音読する練習にも使ってみましょう。ほとんどのセリフが韻を踏んでいるので、音読に自然とテンポとスピードが出てきます。

このほか、名作童話のDVDシリーズ『Treasury of 100 Storybook Classics』『Treasury of 100 Storybook Classics 2 [DVD]』があります。小さいお子さんのいる家庭なら、一緒に見ながら英語を勉強してもいいのではないでしょうか。私自身、アメリカで子育てをしたときには、子どもに絵本を読み聞かせながら、さまざまなことに思いをめぐらすいい機会になりました。

chapter 1 世界の非ネイティブエリートは英語をどう学んでいるのか?

中級者はレベル別になった教材を!

　上級者への一歩を踏み出したい中級者は、徐々に教材の難易度を上げていくようにしましょう。そんなときにおすすめのDVDがこちらです。

おすすめ教材

『World English (Classroom DVD)』

(Kristin Johannsen／センゲージ・ラーニング)

「Introduction」から「Level 3」までシリーズがあり、語彙と難易度がだんだんと難しくなるように設計されています。同シリーズの「Teacher's Edition」を購入すると、スクリプトもセットになっていますので、本書を通じて提案している「動画とスクリプトを見ながらの勉強法」を実践するうえでも好都合です。世界各国を取材したコンテンツなので、繰り返し見ても飽きません。

上級者にはドキュメンタリーが最適

インターネットを検索すれば、さまざまなドキュメンタリー系の番組、スピーチ映像などを見ることができます、これらを利用しない手はありません。また、英語字幕を確認しながら視聴できる市販のDVDもおすすめです。

おすすめ教材

『60 Minutes』

(http://www.cbsnews.com/60-minutes/)

アメリカのテレビ局CBSのドキュメンタリー番組です。日本で言うと「報道特集」(TBS系)や「クローズアップ現代」(NHK)に近い感じ。ややハイレベルな内容ですが、毎回、アメリカの社会問題などの興味深いテーマを取り上げているので、番組にどんどん引き込まれていくはずです。さらに、動画のスクリプトがウェブ上に公開されているので、視聴した内容をあとで確認することもできます。

1つの動画の長さは約10分強です。1回見てすべて理解できればいいのですが、そうでなければ1〜2分に時間を区切って何度も繰り返して見ましょう。20、30回のレベルで繰り返すと、ネイティブが話す英語のスピードに慣れてきます。さまざまな場面とその描写が豊富に飛び込んでくるので、継続的に英語に触れたい人にはおすすめです。

chapter 1 世界の非ネイティブエリートは英語をどう学んでいるのか？

『TED Talks』

（http://www.ted.com/talks）

学術・エンターテインメント・デザインなどさまざまな分野の人物がプレゼンテーションを行なう講演会（TED）の模様が、ネット上で無料配信されています。ただし、壇上でのスピーチが中心になってしまいがちなので、「状況」を見ながら英語を聞くという英語学習にとっては、やや不満は残るかもしれません。ある程度の英語力を身につけた学習者が、楽しむのに適したコンテンツです。

私のおすすめは、「My Stroke of Insight」（Jill Bolte Taylor：神経科学）、「A Philosophical Quest for our Biggest Problems」（Nick Bostrom：オックスフォード大学哲学学科教授）、「The Psychology of Time」（Philip Zimbardo：スタンフォード大学心理学科教授）、「Do Schools Kill Creativity?」（Sir Ken Robinson：教育学）などです。

『Discovery Channel (DVD)』

（https://japan.discovery.com/）

「日本語訳がないとどうしても不安」という人は、「Discovery Channel」のDVDシリーズをおすすめします。こちらのシリーズは、必ずしも学習者向けに最適化されているものではありませんが、字幕モードを切り替えれば、英語字幕、日本語字幕を比べることができます。英語の勉強になるだけでなく、教養も身につきます。

楽しみながら学びたい人におすすめのドラマ

　日常会話を学びたい人におすすめなのが、アメリカのTVドラマシリーズ。多くが次々とDVD化されていますので、英語学習者にとっては非常にありがたい状況です。ドラマといってもいろいろなジャンルがありますが、目的が日常会話なら、ソープオペラかシチュエーションコメディーが最適です。

おすすめ教材

『Seinfeld』
（邦題：となりのサインフェルド）

『Friends』
（邦題：フレンズ）

『Hannah Montana』
（邦題：シークレット・アイドル ハンナ・モンタナ）

　そのほか、探せばいくらでも教材になるものを見つけられます。とにかく自分が興味のあるものを選び、英語に接する時間を増やしましょう。

Chapter 2

世界の
非ネイティブエリートが
やっている発音習得法

イェール大学式［発音］養成メソッド❶

正しい発音は
ネイティブから学べない

　語学の入門は発音から。本当にその言葉を身につけようと思うのであれば、発音は絶対に軽視できません。

　まず、**「意識的に音を区別して発音する能力」**を身につけないかぎり、聴き取る力が育たない。そして、聴き取りができないと、インプットの量が格段に減少するため、長期的に見ても、語学力の質そのものに決定的な悪影響を及ぼしてしまいます。

　さらに、ほとんどの言語では、文法の仕組みも「発音の規則」に基づいてつくられています。たとえば、三人称単数現在形のときに動詞の末尾につけるのが「-s」か「-es」か、比較級で「-er」か「more-」かといったことは、すべて「発音のルール」がベースになっているのです。

　ですから、**効率的に語学を身につけようという人ほど、発音から入るのが最短ルート**なのです。

非ネイティブのためのイェール式「発音矯正プログラム」

　イェール大学の学部生に外国人留学生が占める割合は1割ぐらいです。しかし、そのほとんどは駐在員の子女や永住権所持者。つまり、すでにアメリカに生活基盤がある学生たちなので、「留学生」といってもネイティブとほぼ変わらないくらいの英語力があります。

chapter 2 世界の非ネイティブエリートがやっている発音習得法

　ところが、大学院生となると、母国の大学を卒業して、大学院進学のタイミングでイェールに留学する人も多い。そうなると、英語があまり上手でない人も出てきます。

　イェール大学にかぎらず、アメリカの大学は一般的にどこでもそうだと思いますが、ディスカッションや問題演習を行う学部の授業は、大学院生が教員を務めます。そこで大変なのは、**非ネイティブの大学院生も、こうした授業を受け持たなければならない**ことです。

　大学院生の英語があまりに拙いと、「高い授業料を払っているのに、なんで英語ができない人間の授業を受けさせるんだ！」というクレームが学生やその保護者から必ず出てくる。

　それを回避するために、大学では教壇に立つ大学院生を徹底的にしごいて、一定のクオリティの授業ができるようにトレーニングする仕組みがあります。このトレーニングの1つが**「発音矯正プログラム」**です。

　私自身も最初は大学院生としてイェールに留学したので、学部生に教えるという義務を与えられました。その際、私も自ら志願し、1学期にわたってこの発音矯正プログラムを受講したのです。

43

発音の矯正には「発音のプロ」の指導が理想

　このプログラムでは、**音声学**でPh.D.（博士号）を取った人が指導を担当しますから、本当に細かいところまで徹底的に教え込まれることになります。

　彼らは英語だけでなく、あらゆる言語の発音の構造を研究しており、私が日本人だとわかると、「日本人に特有のクセ」まで踏まえたうえでのアドバイスをしてくれました。たとえば、「日本語を母語にする人は、この発音をする際に舌がこの位置に来てしまうから、もう少し舌を上にずらすといいですよ」といった具合です。

　専門的な知識に裏づけられた発音指導ですから、なんとなく"Repeat after me."などといって練習するのとはわけが違います。

　欲を言えば、日本人の発音学習も、このような専門的知識がベースになっているべきです。

　しかも、発音は母語だけでなく、その人個人のクセにも影響されますから、**その人の発音のクセを把握したうえで、適切に発音を矯正してくれるコーチが必要**です。口の形、歯並びなどは、学習者それぞれに個性がありますので、その人その人に合った指導が理想的なのです。

44

chapter 2 世界の非ネイティブエリートがやっている発音習得法

ネイティブに「発音の指導」ができるとはかぎらない

　発音矯正は、スポーツや楽器の練習と比べてみるとわかり
やすいでしょう。

　たとえば、野球の打撃。我流で覚えた変なフォームでボー
ルを打とうすると、体を痛めてしまうこともあります。

　では、どうするのか？　コーチが適切な介入をし、きちん
としたフォームに矯正していくわけです。これをしないと、
なかなかボールを遠くに飛ばせない。

　残念なのは、野球の世界での常識が、英語教育の世界では
常識になっていないことです。「ただ単に自己流でマネして
いればいい」という考えがはびこっています。

　といっても、すぐにそうしたコーチを探すのも難しいで
しょうから、これ以降ではコーチ無しでもできるトレーニン
グ法をご紹介していきます。

　1点だけ注意しておいていただきたいのが、**「ネイティブ
スピーカーと話す機会を増やせば、自然と発音がよくなる」
というのは誤解**だということ。ネイティブスピーカーは、ま
さに母語であるがゆえに、英語の発音を体系的・分析的には
理解していないことが多いのです。

　我々日本人も、日本語の発音について身体では理解してい

45

るものの、それを適切な言葉を使ってロジカルに説明できるかというと、そうではないはずです。

　ですから、**「先生がネイティブなら自然に発音が学べる」というのは幻想**なのです。論理的なアドバイスを受けるなり、正しい情報に基づいて、意識的にトレーニングしていかないかぎり、英語の発音は決して改善しません。

　日本人の教師に習うにしても、発音がからっきしダメで、まともな音声学の知識がない人に教わるのは論外です。**ネイティブ、日本人を問わず、発音指導の知識・経験がある人に習うのがベスト**です。

イェール大学式［発音］養成メソッド❷

発音記号を知ると、発音がよくなる

　ある程度年齢の進んだ学習者、とくに中学生以上の学習者におすすめの発音改善法があります。それは、**発音記号をしっかりと読めるようになること。**

　もちろん発音記号は万能ではありませんが、カタカナでルビを振るよりは何十倍もマシです。発音記号を理解できるようになると、**それぞれの音を意識的にしっかり区別しながら聴いたり発音したりできるようになります。**

　まず最初のうちは、新しく覚えた単語に発音記号を書いていく習慣をつけてください。

　おすすめのやり方としては、単語帳をつくるときに、「単語のスペル」「発音記号」「品詞」「意味」と4列のスペースを用意すること。単語カードを使っている人は、表面に単語のスペルと発音記号、裏面には品詞と意味を書きます。

　単語帳や単語カードを、Excelなどを使って電子的なかたちで管理する場合は、「発音記号フォント」をあらかじめダウンロードしておくとスムーズです。

　ちなみに品詞は、文をつくるルールを習得するうえで必要不可欠ですので、とくに初心者は、忘れずに単語帳に書き記していってください。

単語のスペルとは違い、発音記号を「暗記する」必要はありませんが、発音記号で音の違いを区別しながら発音できるようになりましょう。

「音の違い」を「記号の違い」に落とし込もう

　日本人が意外と識別できていないのが、「ア」系統の母音です。英語には、これに似ている音として、[æ][ʌ][ɑ][ə]の4つがあります。さらに、長母音や重母音を入れると、もっと出てきます。
「ア」と「オ」との中間音の[ɔ]も同じ仲間に入れてもいいかもしれません。この[ɔ]を「ア」として聞き取ってしまう人がたくさんいるからです。

　これらはすべて英語では「異なる音」として認識されます。実際にどんな音なのかを識別し、それを系統立てて理解するには、やはり発音記号があったほうがわかりやすいのです。

　なんとなく違うという漠然とした意識ではなく、まったく異なる5種類の音として頭のなかでしっかりと区別して把握すること。そして、区別して発音する努力を続けること。そこまでしないと、英語の発音はよくなっていきません。

カタカナだと同じ文字でも、発音記号だと違う文字

　もう少し具体的な例で説明してみましょう。

　たとえば、[æ] の音。これは「ア」と「エ」の中間音と言うと日本人にはわかりやすいようですね。「cat」の発音で使われる「ア」の音です。それに対して「cut」の「ア」は [ʌ] の音となります。

　こうして記号にしてみると、違いをはっきりと意識できますよね。

　また、アメリカ英語とイギリス英語の違いを理解するときにも、発音記号があるとわかりやすくなります。たとえば、「dog」はイギリス英語だと [dɒg] ですが、アメリカ英語だと [dɑg] になりますし、「coffee」もイギリスでは [kɔfi] なのに対し、アメリカでは [kɑfi] なのです。

　アメリカ英語では、「o」のスペルに対応するのは [ɑ] の音となります。ですから、「doctor」も [dɔktə] ではなく [dɑktə] なのです。

　いかがでしょうか。このように、それぞれが違った音なのだということを把握していくうえでは、発音記号が便利です。それほど難しくないので、まずは発音記号そのものと口の形を対応させて覚えてしまいましょう。

おすすめ教材

『DVD＆CDでマスター 英語の発音が正しくなる本 単行本』

（鷲見由理［著］／ナツメ社）

付属のDVDが非常に分かりやすく、独学で発音を学ぶには最適。中学生以上が発音を学ぶ場合、単に動画を見て真似るだけでなく、意識的に舌の位置、口の開き方を「言葉でも理解」して練習した方が効果的です。例えば [t] を発音するときは、舌が歯の裏ではなく歯ぐき側にくっつく。頭でわかった上で、反復動作で定着させる。定着させた後は、無意識に自動的にその発音になる、これをイメージしながら練習することが大切です。

イェール大学式［発音］養成メソッド❸

ABCを「本来の音」で
正しく読めますか?

　英語にかぎらず、言葉を話そうと思えば必ず母音・子音が出てくるので、**「フォニックス」**による発音の練習は語学学習に不可欠です。

　フォニックスとは、**口の動かし方に注意を払いながら、アルファベットの音を正しく発声していく方法**のこと。こうした発音の基礎をやっておかないと、通じる英語を話せるようにはなりません。

　実際に英語を話すとき、フォニックス読みの練習をしていた人とそうでない人のあいだには、かなりの大きな差があります。

　フォニックスの特徴は、アルファベットを通常とはまったく違う発音で読んでいくことです。たとえば、「abc」はそれぞれ [æ][b][k] となります。それ以外も次のとおり。

a [æ]	b [b]	c [k]	d [d]
e [e]	f [f]	g [g]	h [h]
i [i]	j [dʒ]	k [k]	l [l]
m [m]	n [n]	o [ɑ]	p [p]
q [kw]	r [r]	s [s]	t [t]
u [ʌ]	v [v]	w [w]	x [ks]
y [j]	z [z]		

ウェブ上の無料コンテンツで「フォニックス」

　フォニックスのやり方には、子音の後ろに母音を入れるもの（有声：voiced）と入れないもの（無声：unvoiced）があります。**日本人はただでさえすべての音に母音を入れてしまうクセがありますので、まずは無声のフォニックスで勉強する**ようにしましょう。

　このように、それぞれのアルファベットの特徴を捉えた発音の仕方を練習していくのですが、おすすめなのは**ネイティブの「口元映像」を見ながら、発音を真似する**こと。
　私の塾でも、生徒たちに動画を見せながら、フォニックス読みを行う練習を毎日やらせています。

　フォニックスの動画映像は、YouTubeなどで「phonics」でキーワード検索すれば、無料のものがいくつか公開されています。いろいろなものを試してみてください。

アルファベット読みも、発音のレベルアップには最適

　また、アルファベットをきちんと読めるようになることも大切です。
　「a」をしっかりと重母音で［ei］と発音して読めていない人が多い。「エー」ではないのです。「b」は長母音で［bi:］。

「c」も長母音で［si:］と発音しなければなりません。

　こうした基礎をおろそかにせず、英語の発音に対する正しい感覚を意識しながら身につけていく必要があります。

a ［ei］	b ［bi:］	c ［si:］	d ［di:］
e ［i:］	f ［ef］	g ［dʒi:］	h ［eitʃ］
i ［ɑi］	j ［dʒei］	k ［kei］	l ［el］
m ［em］	n ［en］	o ［ou］	p ［pi:］
q ［kju:］	r ［ɑ:(r)］	s ［es］	t ［ti:］
u ［ju:］	v ［vi:］	w ［dʌblju:］	x ［eks］
y ［wɑi］	z ［zi:］		

おすすめ教材

『DVD&CD付
日本人のための英語発音完全教本』

（竹内真生子［著］／アスク出版）

動画・音声付きで、しかも米英の発音の違いも含めて、非常に丁寧に解説してあります。日本人の発音のクセを理解しながら、詳しく学ぶには最適な一冊です。

イェール大学式［発音］養成メソッド❹

「本物の発音」をつくるなら、
除菌ティッシュと鏡

　日本人は言葉を話すときに口を大きく開ける習慣がありません。それはそれで奥ゆかしいのですが、英語を話すときは割り切って、**大げさに口を開けて発声する**こと。

　最初はなかなか慣れないかもしれませんが、徐々に意識を変えていくことです。仮に**発音の指導教本に「口を指2本分開ける」**と書いてあったら、「指3本分開ける」くらいのつもりで大きな口を開けましょう。

　正しい音をコンスタントに出せるようになるまでには、それなりの時間がかかります。発音をマスターせずに話していると、次のような勘違いが起きることも考えられます。

（○）I lost my **bag** [bæg] at the airport.
　　（空港でバッグをなくしてしまいました）

↓

（×）I lost my **bug** [bʌg] at the airport.
　　（空港で虫をなくしてしまいました）

　イェール大学での発音矯正トレーニングでは、こうした間違いを直すために、**舌の位置と口の発声器官の関係を図解しながら発音の仕方を教えてくれます。**私の塾でもこの方法を取り入れて、生徒たちの発音を矯正していきます。

chapter 2　世界の非ネイティブエリートがやっている発音習得法

■「口の形」を目で見て、声に出す

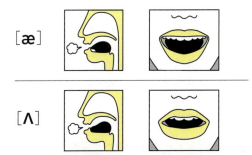

指を口の中に入れてみよう

　私の塾には、**発音を矯正する「秘密の小道具」**を常備しています。何だと思いますか？　**除菌ティッシュと鏡**です。薬局やコンビニエンスストアなどで売っている普通のもので問題ありません。

　たとえば、口のなかに指2本を縦に突っ込んで「エ」と発声すると、[æ] の音が出しやすくなります。こうした発音指導の仕方をするため、**指を口に入れる前に、除菌ティッ**

55

シュで手をきれいにしてもらう。

　中高生の生徒たちは、冬の時期などには風邪を引きやすくなっています。風邪を引いて勉学に差し障りが出ては元も子もありませんから、除菌ティッシュで指を拭いてから、発音練習をさせるようにしているのです。

　ちなみに、上智大学には昔、生徒の口のなかに自分の指を突っ込んで発音を矯正する先生がいたそうです（私はさすがにそこまで大胆な指導は行っていませんが…）。

鏡を見ながら、舌の位置を確認してみる

　もう1つの小道具である鏡。100円均一ショップで売っているものでかまいません。これを使うときは、個別に鏡を覗き込んでもらって、口の形を確認させながら練習してもらっています。そこまで徹底してやらないと、発音は直らないものなのです。

　たとえば、「work［wəːk］」と「walk［wɔːk］」を区別するために必要な「あいまい母音［ə］」は意外に発音が難しい音です。「work」の正しい音を出すには、口を大きく開けず、舌の力を抜いて宙ぶらりんにして、喉の奥から「ウァ」という感じで声を出す必要があります。

　一方、「walk」の［ɔː］は「オ」の音に近い。こちらのほ

chapter 2 世界の非ネイティブエリートがやっている発音習得法

うがどちらかというと簡単な発音だと思います。口を丸く大きく開けて発音するので、幾分アーにも聞こえます。

こういう違いを理解してもらいたいとき、**鏡を見せて「舌は宙ぶらりんになってる？」などと確認しながら、生徒に口の形を覚えさせていく**のです。

それ以外で難しいのは「heart［hɑːt］」です。このときのコツは、縦に指2本分ほど口を大きく開け、音を伸ばしながら発声すること。

「heart」の発音と混同しやすいのが「hurt［həːt］」です。［ɑ］ではなく、［ə］の音を出すように意識して発音してください。

ほかにも、子音の［f］と［h］の区別、［θ］や［ð］などは鏡を見ながら練習しないとできるようになりません。

ある程度練習したら、可能なかぎりネイティブスピーカーに聞いてもらって、自然かどうかチェックしてもらいましょう。OKが出たら、今度はその口の形を忘れないようにひたすら繰り返します。

イェール大学式［発音］養成メソッド⑤

声を1オクターブ下げて
「腹式呼吸」で発声する

　もう1つ覚えておいていただきたいのが、**英語を母語とする人は、声の周波数も日本人とは違う**ということ。この周波数の違いは、イェールの発音矯正プログラムでも最初に指摘されていることです。

　実際、アメリカのニュースキャスターの声と日本のニュースキャスターの声を比べてみるとよくわかります。
　アメリカ人は女性でも低くて太い声をしています。コニー・チャンというアジア系の有名な女性キャスターなどはとても華奢で、甲高い声を出しそうな見た目をしているのですが、決してそんなことはない。ちょっとびっくりしてしまうくらい低くて太い声の持ち主なのです。

日本人キャスターと「発声」や「息継ぎ」を比較しよう

　一方で、日本語の模範的な発声法とも言えるNHKのニュースキャスターと比較してみると、本当に違いがよくわかると思います。英語に比べて声の周波数が高く、リズムやイントネーションも一定していますよね。

　日本語の発声のどこが独特なのかを理解すると、英語の発声の特徴もよりくっきりと見えてきます。また、ニュースを見るときは、内容もさることながら、アナウンサーがどこで

58

chapter 2　世界の非ネイティブエリートがやっている発音習得法

「息継ぎ」をしているかなどにも着目してみてください。

　イェールの発音矯正プログラムでもそうですが、最初の授業は**「発音」ではなく「発声」を練習**します。いわゆる腹式呼吸ができるように、「ハッ、ハッ」とお腹から声を出すトレーニングをやるのです。

　英語を話すときは、「1オクターブ声を下げる」つもりで発声してください。

おすすめ教材

CBS Evening News

(http://www.cbsnews.com/evening-news/)

ニュースサイトはどのネットワークのものを使ってもいいのですが、個人的な思い入れもあるCBSを推薦しておきます。私が大学生だった頃は毎朝早起きして、TBSが中継していた「CBSニュース」を見て英語力を鍛えていました。

イェール大学式［発音］養成メソッド**❻**

語末の「t」の音は、
語頭の「息」で決まる

　日本人の発音で特徴的なのは、**子音のあとに母音をつけてしまうこと**。

　わかりやすい例が「cat」の発音です。発音記号で表すと［kæt］になるのですが、カタカナ英語に親しんだ人は、語尾に母音をつけ、「**キャット**」と発音してしまう。この発音では、ネイティブに聞き取ってもらえません。

　英語の「cat」の語尾は、子音だけで発音されていますが、この語尾の音をきちんと出すには、「初め」が肝心です。

　どういうことかと言うと、［kæ］という**語頭の発音の段階で、かなり息を強く吐き出す必要がある**のです。

　子音だけの［t］の音がきれいに出せず、［kæ］の部分しか聞こえない発音になってしまっている人がよくいますが、これは最初の息が弱すぎるからなのです。

日本語の語末に「母音」がつくのは、息が弱い言語だから

　日本人が子音のみの発音を苦手としているのは、そこまで息を強く吐き出しながら発音する単語が日本語にはないからです。逆に日本語は、母音をつけることで語尾を明確にする言語なのです。

　この違いを理解し、強く息を吐きながら3回くらい繰り返

chapter 2　世界の非ネイティブエリートがやっている発音習得法

してみると、ほとんどの人がきれいに発音できるようになります。

「キャット、キャット、キャット」と、間違った発音のまま「修行」を繰り返しても意味がありません。むしろ、その間違った発音が「化石化」してしまい、直らなくなってしまう恐れさえあります。

イェール大学式［発音］養成メソッド**❼**

シャドーイングは「単語」にはじまり、「演説」に終わる

　発音をよくするための方法として、**シャドーイング**はとても効果的です。

　シャドーイングとは、要するに「口真似」です。聞いた英語を、そっくりそのままオウム返しするだけでいいのです。いつでも手軽にできるので、発音練習には欠かせません。

　たとえば、「iPad」という単語が聞こえたら、ほぼ同時に「iPad」とオウム返しします。「アイパッド」でもなく「アイペッド」でもありません。しっかりと聞こえたとおりに"iPad［aipæd］"と発音します。

　シャドーイングを繰り返していくと、それほど意識しなくても、自然に正確なリズムやイントネーションがある程度身につきます。

　唯一気をつけるべきなのは、完全に自己流に陥って、子音や母音の発音に変なクセがついてしまうこと。**シャドーイングの音声を録音して自分でチェックするか、できればトレーナーにチェックしてもらう**のがベストです。

どんな文章を、どんなステップでシャドーイングするべきか?

　初級者がいきなり英語長文をシャドーイングしようとするのはおすすめしません。いきなり難易度の高いシャドーイングをしようとすると、すべての母音が「あいまい母音［ə］」

のような、情けない発音に退化してしまう人が少なからずいます。

最初は、母音・子音をはっきり区別しながら単語をシャドーイングすることからスタートしてください。次に単語と単語の音がつながった場合、強弱をつけた場合のパターンなど、段階を踏んで徐々にマスターしていきます。

初心者は無理せず日常英会話で使うような"How are you?"とか"Nice to meet you!"などの挨拶をシャドーイングするだけでも十分です。この段階のものであれば、日常英会話向けの教材に付属しているCDを使えば事足ります。

「いつでも・どこでも」がシャドーイングの強み

最初はテキストを見ながら音読、慣れてきた段階でテキストを伏せてシャドーイング。何度も繰り返して、頭に入ってきたら、歩いているとき、シャワーを浴びているときなど、一日のスキマ時間にもシャドーイングしましょう。

「英語を習得したくても時間がない」という人は大勢いると思いますが、**シャドーイングなら通勤途中に歩きながらでもできますね。**スキマ時間を効果的に使うことも大切な工夫です。

63

最後は大統領演説。「なりきる」ことが肝心

　私自身、昔からシャドーイングはよくやりましたし、いまでもよく練習します。

> Let us never negotiate out of fear. But let us never fear to negotiate.

　これは、1961年のケネディ大統領による就任演説の一部です。いまでも自分の発音を再確認するために、ときどきこの演説をシャドーイングしてみたりします。
　アメリカの歴代大統領の就任演説は、内容的にもすばらしく、お手本にするには格好の材料です。慣れてきたらぜひ挑戦してみてください。

　次はオバマ大統領の就任演説の一節です。

> I stand here today humbled by the task before us, grateful for the trust you have bestowed, mindful of the sacrifices borne by our ancestors.

　声色やちょっとしたクセまで、**完全にモノマネするくらいのつもりで大統領になりきって発音してください。**

chapter 2　世界の非ネイティブエリートがやっている発音習得法

　せっかく覚えるなら、文章の達人が考えに考えてつくった
名文にしましょう。大学受験向けの例文集などは不自然な悪
文も多いので、シャドーイング向けに使うのはちょっと遠慮
したいですね。

おすすめ教材

『1日10分 超音読レッスン「大統領のスピーチ編」
（CD付）（英語回路 育成計画シリーズ）』

（鹿野 晴夫［著］／川島 隆太［監修］／IBCパブリッシング）

『アメリカ大統領の英語　シリーズ』

（amazon Audible 版／アルク）

『世界のエリートはなぜ
歩きながら本を読むのか?』

（田村耕太郎［著］／マガジンハウス）

この本自体は英語の勉強法の本ではありません。しかし私が長年実践
してきた「歩きながら英語勉強法」を的確に説明している本です。散歩
しながらのシャドーイングや、トレッドミルを使って体を鍛えながらの
シャドーイングなど、英語の練習をするうえでも参考になると思います。

65

イェール大学式［発音］養成メソッド **8**

音声を「スペル」にせず、「音」のまま再現する

シャドーイングは最終的には、テキストを見ないで行います。耳から入ってきた音を、即座に口から再生するような感覚です。

耳から入ってくる情報だけだと退屈なのであれば、自分の好きな映画やインターネットの動画から好きなセリフやシーンを選び、それを見ながら何度も何度も口真似をしてシャドーイングしてください。

このとき、それぞれの単語の「スペル」を気にする必要はありません。たとえば"apple"という単語が聞こえてきたら、［æpl］という音を忠実に再現することに集中する。**どういう文字の単語なのかは後まわし**です。

日本人の英語学習のダメなところは、「スペル」から入っていく点です。学校でも単語の書き取りをやらされたりしませんでしたか？

しかし、これは必ずしもいい結果を生みません。むしろ、新しく言語を覚える手順としては、**「スペル→発音」ではなく、「発音→スペル」**。逆の順番が正しいのです。

スペルは二の次。まずは正しい発音を身につけることだけを考えます。

66

スペルがわからなくても、困ることは少ない

　こんなことを言うと、「実際に仕事などで英語を使うとき、契約書やメールに間違いがあっては困る。スペリングは絶対に重要だ」と思う人がいるかもしれません。

　しかし、考えてみてください。いまや文字についてはパソコンがスペルチェックをしてくれるので、間違っていても比較的容易に気づくことができます。

　もちろん、英語の試験を受ける人は別です。TOEFLなどの作文では、パソコンのスペルチェック機能を使うわけにいきませんから、正確にスペルを覚えていくことも必要になります。

　とはいえ、英語を使ううえで日本人が不得意とするのは、オーラルコミュニケーションですから、やはりまずは発音を克服していくようにするべきです。そのためにはとにかく**シャドーイングでモノマネ**をすることです。

　中級者以上の人であれば、好きなドラマのDVDを借りてきて、それを見ながら英語のセリフをシャドーイングする。どうしてもわからない単語が出てきたら、字幕表示を英語に設定すれば確認できます。ドラマのジャンルは基本的に問いませんが、できれば日常会話の場面がよく出てくるソープオペラやシチュエーションコメディーがおすすめです。

イェール大学式［発音］養成メソッド**9**

「R／L」の違いではなく、
「R／L／ラ行」の違いを押さえる

英語の発音で難しいと言われるのが、［r］と［l］の発音です。

一般的に舌を前歯の裏につけて発音するのが［l］で、舌を後ろに巻くのが［r］だと解釈されているようですが、**それだけではうまく発音できません。**

それはなぜか？　説明してみましょう。

英語の発音を学ぶときに、意識するといいのが「日本語の発音との違い」です。

つまり、「［r］と［l］の違い」を押さえるのではなく、「［r］と［l］とラ行の違い」がどうなっているかまで気をつけてみるのです。

実際に発声してみるとわかると思いますが、「ラリルレロ」は前歯の裏を舌でたたいて出す音です。それに対して［l］は、舌先を上顎の前のほうにくっつけておき、舌の横に息を通らせる音なのです。

例として、「尻尾」を意味する「tail［teil］」の発音をしてみるとよくわかるのですが、［l］はすごく粘りのあるねっとりとした音なのです。

chapter 2　世界の非ネイティブエリートがやっている発音習得法

口を「丸く」するためには、「浦和」を繰り返そう

　次に［r］ですが、この音を出すときは、舌が歯に触れないようなかたちで「巻く」のです。発音のポイントは「口を丸くする」こと。

　そのために発声しておくといいのが、「浦和」です。「ウラワ、ウラワ」と繰り返しながら舌を巻いて、発音するとうまくできます。

　当然ながら、こんなことは発音の教材の本には書いてありません。それでも、［r］の発音ができるようになれば、どんな手段を使ってもいいのです。

　英語の発音を学ぶためには、普段慣れ親しんでいる日本語の発音とも比較しながら、そのうえで英語の正しい発音の仕方に取り組んでいくようにしてください。

69

おすすめ教材

『大学入試英語長文ハイパートレーニングレベル1〔超基礎編〕、レベル2〔センターレベル編〕、レベル3〔難関大学編〕』

（安河内 哲也［著］／桐原書店）

大学受験用の教材ですが、同書のスラッシュリーディング用音声を
シャドウイング練習に用いると良いでしょう。シャドウイング練習は「読
んで分かる」レベルよりも1段階ないしは2段階下げて基礎編からス
タートした方が無難です。

『NHK CD BOOK 攻略! 英語リスニング 徹底シャドウイングでマスター! 長文リスニング〔NHK CDブック〕』

（柴原 智幸［著］／ベンジャミン・ウッドワード［著］／NHK出版）

シャドウイング用の素材が手近に欲しいと言う方にお勧めします。

『シャドーイング・音読と英語コミュニケーションの科学』

（門田 修平［著］／コスモピア）

シャドウイング練習の理論的な側面を知りたい場合、こちらを読んで
から練習すると良いでしょう。なぜ効果があるのか、自分が上達したい
スキルに焦点を当てるために練習方法の微調整をどのように行うの
か、ヒントになる知見が山盛りです。

イェール大学式［発音］養成メソッド❿

家でこっそり練習するなら、iPhoneにコーチしてもらおう

すでに述べたとおり、本来ならば発音のトレーニングは、誰かにフィードバックをもらうのが理想的です。

音声学の知識のある先生に指導してもらう機会があればいいのですが、日本人の英語教師でも、ネイティブスピーカーでも、音声学を体系立てて理解している人はごくわずかです。

すぐ身近に発音をチェックしてくれる人がいない場合に、**ちょっとした裏ワザ**をご紹介しましょう。

iPhoneのアプリ「Siri」を使う方法です（なお、ほかのスマートフォンでも類似のサービスがあるようです）。Siriとは音声入力に対し質問に答えたり、サービスを提供したりしてくれる「秘書機能アプリ」です。

ゲーム感覚でアプリと会話してみよう

iPhoneの言語設定を「英語」に変えて、Siriを開きます。"How are you?"とiPhoneに向かってつぶやいてみましょう。

発音がきちんとできていて、Siriが認識してくれると、"I'm happy to be alive."など、ユニークな返答をしてくれます。

71

逆に、発音が悪かったり、文意が通じなかったりすると、"I'm not sure I understand."と返答されたり、何か誤解が生じてとんちんかんな答えが返ってきたりします。

　あくまでもゲーム感覚ではありますが、このように無料の音声認識サービスを使って練習するのも、**羞恥心が先に立ってしまう学習者にはおすすめ**です。

Chapter 3

世界の
非ネイティブエリートが
やっている単語習得法

イェール大学式［ボキャブラリー］養成メソッド【入門編❶】

単語には「意味」ではなく、「絵」を結びつけるべき

単語力も英語の基礎としては欠かせません。知っている単語が多ければ多いほど、英語を素早く理解できるので、習得のスピードそのものも早くなります。一見遠回りに思えても、**単語の知識をたくさん身につけることが「最短ルート」**なのです。

このところ、英語の学力レベル調査で日本を突き放しつつある韓国では、小学校3年生から英語の授業がはじまり、中学に進学するまでに1000語以上のボキャブラリーを覚えさせるそうです。そのあとの学習効率を考えると、これはとても賢いやり方だと思います。

「ピクチャーディクショナリー」が最強の単語学習ツールだ

初学者が覚えるべき単語の多くは「具体的なイメージ」と対応可能なものです。上級レベルの単語になると抽象的な語彙が増えていきます。

初級レベルの単語を短期間で効率よく身につけたいときに、私がいつもおすすめしているのが**「ピクチャーディクショナリー」**です。それぞれの単語がイラストでも説明されている辞書で、多くの場合、子どもの語学学習に使われます。

「でも、それって子ども用の辞書なんですよね？」という方

もいると思いますが、これを用いた学習の効果は馬鹿にでき
ません。『Word by Word Basic Picture Dictionary』（77 ペー
ジ参照）というピクチャーディクショナリーは、初学者用の
ものでも約 2500 語を収載していますので、**これをすべて覚
えるだけでも、日常生活ではほぼ困らないくらいのボキャブ
ラリーを身につけることができます。**

　なぜピクチャーディクショナリーがいいのか、説明しま
しょう。

「drivewayに車を停める」とはどういうことか？

　まずは私自身の体験から。高校生のとき、英語で書かれた
小説をペーパーバックで読んでいた私は、ふとつまずいてし
まったことがありました。

> Michael parked his car in his driveway ...

　こんな文だったと記憶していますが、この「driveway」と
いう見慣れない単語で立ち止まってしまったのです。単語自
体は難しくなさそうだけれど、文脈から考えても意味が推測
できない。

　仕方なく手元の辞書を引いてみたものの、「私設車道」な
どという訳語が載っているだけ。そもそも「私設」の「車

道」というのがどういうものなのか、さっぱり想像がつきませんでした。「絵」が浮かんでこないのです。

こういう場合、ピクチャーディクショナリーを見ると、一目瞭然です。アメリカの家のイメージがすぐにわかり、drivewayがどういうものなのかひと目で理解することができます。

「状況」があると、「深く」「大量に」覚えられる

語学習得における単語学習というのは、本来このようなものであるべきだと思います。

つまり、**それぞれの単語が、その言語の文化のなかで「どんな位置を占めているものなのか」**ということを具体的イメージとともに学んでいく。

英語が話されている国々、たとえばアメリカでは、街の構造から建物の様子、家の間取りや備品などが、日本のそれとは大きく異なります。

こうした違いを把握するには、言葉による説明ではなく、絵を見てしまったほうが断然楽です。それどころか、**そのほうが正確なのです。**

chapter 3　世界の非ネイティブエリートがやっている単語習得法

　たとえば、アメリカの一般家庭のリビングにある家具類。「アメリカ家庭のリビング」という「状況（絵）」のなかで、それぞれの家具類の単語を覚えていくと、イメージの広がりがまったく違います。この方法で覚えていくと、短期間でかなりの数の単語を正確に身につけられるのです。

　ちなみに、drivewayは、道路から自宅車庫まで続く車道のこと（まだわかりづらいですよね…）。単語を見た瞬間に、アメリカ式住宅をイメージできるか、なんとなく「私設車道」のままか、**これは大きな違いです**。

おすすめ教材

『Word By Word Basic Picture Dictionary (2nd Edition)』

(Steven J. Molinsky & Bill Bliss[著]／Pearson Japan)

適度にデフォルメしながらも、重要な特徴を細大漏らさず表現している点でおすすめです。本文で例として使った"driveway"は58ページに載っています。主に日常生活で使う具体的な単語・表現が2500種類掲載されています。英語の説明だけのバージョンに加え、日本語訳を併記したバージョンもありますので、自分のニーズに合わせて選んでください。

イェール大学式［ボキャブラリー］養成メソッド【入門編❷】

「奥行きのある語彙力」は
「動画」で身につく

単語を覚える際には、表層的な意味を覚えるだけでは十分でないときがあります。**背景になる知識やニュアンス、文脈**も押さえて初めて、その単語がどんなことを意味しているのかがわかる。

たとえば、私がまだ高校生だったころに、英語の参考書を読んでいると、「目にappleと飛び込んできたら、これをいちいち『リンゴ』と翻訳しないで、『リンゴの絵』を想像しなければならない」という記述を見つけたことがあります。

一見すると、前項で説明した**「単語には辞書的な『意味』ではなく、『イメージ』を対応させるべき」**という話と近いですが、私は「リンゴの絵」を想像するだけではまだ不十分だと思っています。どういうことか？　説明しましょう。

「apple」は「リンゴ」ではない!?

果物のappleとリンゴはそもそもイコールではありません。リンゴというのは、日本のスーパーマーケットにきれいに陳列されているもので、ナイフで丁寧に皮をむいて食べる果物です。お弁当に入れるならウサギ状に切り込みを入れますね。青森や私の故郷の山形で収穫されるリンゴは大粒で、主力品種はフジ、ムツなど。

78

一方、アメリカのappleは、アメリカのスーパーマーケットの暗い照明の下に並べられていて、リンゴより小粒な果物です。主産地はワシントン州、主力品種にはフジも含まれますが、後にコンピューターのブランド名にもなったマッキントッシュやガーラなどがあります。食べ方も「リンゴ」とは違って、皮をむかずに丸かじりします（アップル社のロゴを思い出してください）。

「国内学習者」が帰国子女に敵わない最大の理由

「『イメージ』をともなった単語知識」と言うとき、私が考えているのはこういうことです。つまり、**単語を本当に「ものにする」ためには、その単語に付随する「背景」まで想像できている状態がベスト**なのです。

では、そこまで入り込むにはどうすればいいのか？
理想的には現地で生活することです。**英語学習において帰国子女が圧倒的に有利なのは、外国生活のなかで得た「基礎的なイメージ」を蓄積できている**からです。
ちょっとしたリスニングやスピーキングの能力は、国内の学習者でもその気になれば追いつくことができますが、単語それぞれに付随する理解の「奥行き」が違う。

留学しなくても、英単語の「立体的な知識」は蓄積できる

とはいえ、留学となるとハードルが高いですよね。現地に赴いたりしなくても、人為的にその最初の手がかりをつくる方法はありますからご安心ください。

そう、この場合もやはり「動画」です。英語環境に触れられるような映像を教材として活用することで、単語に付随する「イメージ」をどんどん蓄積していくわけです。

映画やドラマ、ニュース、ドキュメンタリーなどを見ながら、さまざまな「状況」のなかで単語を覚えていきましょう。画面上でシーンを見ながら、そこで繰り広げられる動作と動詞、物事と名詞・形容詞が結びつくようになると、単語の理解度がまったく違ってきます。

おすすめ教材

『Word By Word Picture Dictionary (2nd Edition)』

(Steven J. Molinsky & Bill Bliss[著]／Pearson Japan)

2500語の初級編(77ページ)をひと通り楽しんだあとは、中級編4500語に挑戦しましょう。電子辞書を引いてもピンとこないとき、確認のために眺めるだけでもいいですよ。

イェール大学式［ボキャブラリー］養成メソッド【初級編❶】

単語への「反応速度」を上げる「TPR環境」のつくり方

　単語力と言うと、それは「単語数」のことだと思われがちなのですが、実際にはその単語が伴う「イメージ」を蓄積していくことが大切なのだという話をしました。**単語力を高めるうえでもう1つ重要なのが「スピード」です。**

　よく使う単語、とくに動作に関連するものは、日本語を介さずに「身体」が反応するように覚え込んでしまいましょう。私の塾でも生徒たちには「外国語は大脳ではなく、尾てい骨で覚えろ」と言っていますが、本当に実用的な語学力を身につけようと思うなら、脚気の検査で膝下を叩くと反応するように、一種の「反射」が起こるくらいまで練習することです。

「TPR環境」を擬似発生させ、「スピード」を磨く

　反応速度を上げるために、日常的にできる工夫として、携帯電話の言語設定を英語にしてしまうことが挙げられます。最初は戸惑うと思いますが、スマートフォンであれば文字と一緒にアイコンが表示されている場合がほとんどですから、すぐに慣れるはずです。

　3日もすれば、英語であることを意識せずに、普段の動作のなかで英語を理解して、操作するようになっている。こうすると、確実に単語に対する「反応速度」が上がっていきま

す。このやり方が気に入った人は、コンピューターのOSや、オフィス製品、ブラウザも英語版にしてしまいましょう。

　すでに簡単に触れたTPR（全身反応教授法）は、本来は幼児向けに命令文を主体に組み立てる教授法なのですが（25ページ）、**自発的にTPR的な環境をつくり出すことは簡単にできます。**
　普段使う動作を通じて、よく使う簡単な語彙がダイレクトに頭に飛び込んでくるようにすれば、英語を学んで1年目の小学生や中学生でも、ネイティブ講師と通訳無しで会話したり、作文を書いたりすることができるようになるものです。

イェール大学式［ボキャブラリー］養成メソッド【初級編❷】

前置詞は「日本語の意味」を覚えてはいけない

　よく使う単語で「反応速度が重要なもの」の代表格は前置詞です。**前置詞はなるべく日本語を介さず、イメージごと身体に覚え込ませましょう。**

　たとえば「onとoverは同じ『上』じゃないの？」と思っている人がいますが、実はまったく違うのです。

　「on」というと、「何かの上にある」状態を想像するかもしれませんが、基本的には「接触している」イメージです。「on」の反対語は「分離」のイメージがある「off」になります。たとえば次のような使い方が可能です。

---

a picture **on** the wall
（壁の絵＝壁に**接触**している）
a fly **on** the ceiling
（天井にとまっているハエ＝天井に**接触**している）

　それに対して「over」は「乗り越えていく」もしくは「覆いかぶさっている」イメージです。「over」の反対語は「under」です。

　行き先に立ちはだかる障害物を乗り越えていく場合、逆に障害物の下を匍匐前進しながら進む場合、両者を比較してみるとわかりやすいでしょうか。

83

では、「接触もしておらず」「乗り越えていくのでもない」、けれど「上にある」というときのイメージは、何という前置詞で表現するかわかりますか?

　そう、「above」ですね。

　このように、前置詞はイメージを思い浮かべながら覚えていかないと、どうしてもうまく使い分けられません。「〜の上」と日本語で覚えてしまうと、どうしても混乱してしまうことになります。

　したがって、前置詞を覚えるときにも、「イラスト」や「映像」を見ながら、あるいは、身体を動かしながら覚えるほうが確実なのです。

chapter 3　世界の非ネイティブエリートがやっている単語習得法

■ 前置詞はイメージでつかむ

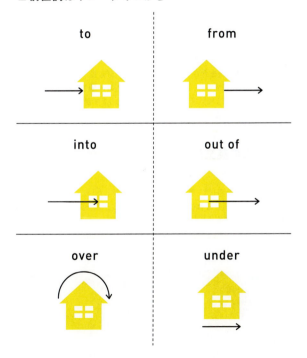

おすすめ教材

『Basic Grammar in Use (3rd Edition)』

(Raymond Murphy[著]／Cambridge University Press)

この本の「Unit 104〜116」に前置詞を説明するイラストがあり、それらを見れば日本語を介さずに前置詞のイメージを養えます。まず「場所」や「動き」を表すもの、次に「時間」を表すものの順番で身につけるのがおすすめです。和訳を併記している版もありますが、なるべく英語だけのバージョンを使いましょう。

『一億人の英文法』

(大西泰斗、ポール・マクベイ[著]／ナガセ)

日本語の解説を通じて、英語のイメージを理解したいという学習者には本書、または同じ著者による「ネイティブスピーカーの○○」シリーズ(研究社)をおすすめします。

イェール大学式［ボキャブラリー］養成メソッド【中級編】

使えるボキャブラリーは、「単語帳」では増えない

「どれくらいの単語数が必要ですか？」という質問を受けることがありますが、**目安として、2500語の単語をマスターし、中学生レベルの文法を使いこなせるようになれば、たいていの日常会話には不自由しないはずです。**

　単語を覚えるのはたしかに退屈ですが、ここだけは避けて通れない道ですので、どうにか切り抜けてください。

　ネイティブスピーカーでさえ、不規則動詞を間違えながら覚えていきます。よくネイティブの子どもが保育園の先生にこんなふうに注意されたりもしています。

> 子ども：I **speaked** to my mom.
> 先　生：No, Jack. You **spoke** to your mom.

何度見ても覚えられない単語は、ひとまず「諦める」

「2500単語を覚える」と言っても、**できあいの単語帳とにらめっこをして覚えるのはやめたほうがいい。** なぜなら、「単語だけ」を覚えてもたいして記憶に残りませんし、おそらく実際の会話の場面では使えないからです。

　それよりも、自分が興味を持っている動画やニュース記事

などに触れながら、**そこに出てきた単語を状況・文脈のなかで覚えていったほうが断然早い**。そのなかで自分の知らない単語が出てきたら、それを自分のデータベースに加えていくのです。

ここで大切なのは、**一定期間覚えようとしたにもかかわらず、どうしても覚えられない単語はいったん「諦める」ということ**。とにかく文脈のなかで、無理なく自然に吸収しながら知識を増やしていくのです。

このやり方のほうが、できあいの単語帳に比べて効率的にたくさんの単語を身につけることができます。

Excelでオリジナル単語帳、Kindleで単語トレーニング

自分自身の英語学習を振り返ると、高校生のころから、表計算ソフトを使って単語データベースを管理していた記憶があります（当時は発音記号を入力できないという致命的な欠点がありましたが…）。

このほうが何よりも楽しかったですし、小説などのストーリー（当時は動画はありませんでしたので）に結びつけて覚えられるので、忘れにくくなります。

また、**いまなら電子書籍端末のKindleで英文を読むのもいい**と思います。Kindleの場合、知らない単語にタッチする

と、日本語の意味が表示されるので便利です。こうして
チェックした単語をリストアップして、まとめて暗記すると
いうやり方は効率的です。あるいは、全編を通じてそれを
やっていると読書が楽しめませんから、最初の10%くらい
はそういう使い方をして、残りは速読するという使い方もあ
ります。

市販の単語帳はあくまで「試験ツール」

　一方、市販の単語帳には、すでに知っているものも多く出
てきますから、非効率的です。しかも、何も文脈がないの
で、記憶の定着度という点でも、応用力の養成という点でも
不十分だと言わざるをえません。

　とはいえ、市販の単語帳がまったく無意味かというと、そ
ういうわけではありません。**これはあくまでも「受験」のた
めのツールです。**単語を覚えるためというよりは、これから
受ける試験に照らして、まだ知らない単語があるかどうかを
調べるための「チェックリスト」だと割り切ったほうが無難
です。

　私自身、市販の単語集には強いこだわりや思い入れはな
く、各自のレベルに応じた難易度のものを、自由に使えばい
いのではないかと考えています。

イェール大学式［ボキャブラリー］養成メソッド【上級編】

語彙数を「爆発」させるには、「英語以外」を学ぶといい

　2500語をマスターしたら、**次に目指すべきは4000語、5000語のレベル**です。東京大学の入試合格に必要なのは、6000単語と言われます。新聞や雑誌を読めるようになるためには、さらに増えて1万語。さらに不自由なく英語を使いこなすには1万5000語のボキャブラリーがあるといいでしょう。ちなみに、ネイティブの平均語彙力は3万語と言われています。

　このあたりに差し掛かると、徐々に学術語や抽象語が増えてきます。つまり、ここまで有効だった「イメージで覚える方法」が使えなくなってくる。
　そのときにおすすめなのが、**接頭辞・接尾辞・語幹についての知識を取り入れておく**ことです。
　英語の学術語や抽象語にはラテン語や古典ギリシャ語に由来するものが非常に多いので、これらの言語の接頭辞・接尾辞・語幹の知識を使って、新たな単語を覚えていくようにするのです。

■ 接頭辞の「イメージ」から、単語の意味が推測できる

　実際、1万語を超えるレベルになると、**古典ギリシャ語系、ラテン語系、それぞれの接頭辞・接尾辞・語幹に関する知識がないと勝負になりません。**

90

たとえば、「conclude / exclude / include / preclude」に含まれる「-clude」は「閉じる」を意味する語幹が元になっています。それぞれの接頭辞との組み合わせで意味をつくっているわけですね。

■ **語幹と接頭辞の組み合わせで覚える**

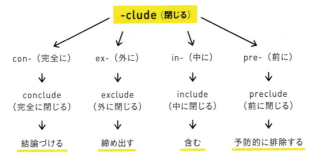

ほかにも、「bat」は誰でも知っている単語ですが、野球の「バット」が出現する前から、人類は「棍棒」としてbatを戦いの場で振り回していました。勢い、batを含む単語は「battle」「combat」のように戦いに関連するものが多いのです。

一方でcombatの接頭辞「con-(com-)」には、「一緒に」と

いう意味があります。一緒に棍棒を振り回しはじめたら、それは「戦闘状態」そのものですね。

このように、接頭辞・接尾辞と語幹の知識があれば、語彙数を膨らますうえでとても役に立ちます。

おすすめ教材

『新編集
語源とイラストで一気に覚える英単語』

（清水建二［著］／成美堂出版）

1万語レベルの語彙を目指すなら、こちらのシリーズをひと通り眺めて、覚え込むことをおすすめします。

『Direct Hits Core Vocabulary of the SAT
(5th Edition)』

（Ted Griffith［編］／Direct Hits Publishing）

SATやGREなど留学用の試験を受けるなら、最低でも1万5000語レベルの語彙力が必要となります。ネイティブスピーカーの大学受験生が使用しているボキャビル教材がこちらです。あわせて、「Word Smart」シリーズ（Princeton Review）などもいいでしょう。

イェール大学式［ボキャブラリー］養成メソッド【番外編】

辞書のカバーを捨てて、「準備体操」をさせよう

　私が主宰するJ Prep斉藤塾では、生徒にはなるべく辞書を引かせないようにしています。**学習効率を考えると、生徒が辞書を引いている時間がもったいないから**です。わかりづらそうな語彙については、最初から意味を記載したプリントを渡し、文脈のなかで単語や表現を覚えることに集中してもらっているのです。

　しかし、誰もがこんな贅沢を許されるわけではありませんから、私も含めて結局は皆さんも辞書のお世話にならないわけにいきません。

　私も学生のときは数え切れないくらい辞書を引き、何年かごとに「引き潰し」ては、新しいものを購入していました。本章の最後では辞書の使い方について、少しお話ししておきましょう。

辞書は「そのまま」使ってはいけない

　私が塾で辞書について指導していることは2つ。**1つは「カバーを捨てる」**こと。立派な箱やプラスチックのカバーがついている辞書がありますが、とにかく大事なのは、いつでも手にとって素早く辞書を引けるようにしておくことです。辞書を使うときは、「徹底的に素早く引くこと」を心がけてください。単語を調べるのにダラダラとしていたら、先

に進めません。調べた単語には赤線を引いて履歴を残しておきます。

　　もう1つが辞書の「**準備運動**」です。買ったばかりの辞書は背が固いので、まずは辞書を開いたり閉じたりして背表紙を柔らかくする「マッサージ」をします。

　その後、辞書の側面や上部から息を吹き込む。新しい辞書はページがくっついているので、こうやって「深呼吸」させることで、ページをめくりやすくするのです。

「複数の辞書をまとめて検索」が電子辞書のメリット

　最近は、電子辞書を使う人も増えていますが、どうしても一覧性に欠けるため、私自身はそれほど多用していません。ただし、コンピューター上にインストールするタイプの電子辞書アプリケーションはおすすめ。検索が楽ですし、しかも大画面なら一覧性も紙の辞書に劣りません。

　さらに、電子辞書が紙の辞書に比べて優位にあるのは、何より**シソーラス（類語辞典）や英英辞典**などが入っていることです（紙の辞書だと持ち運びが大変ですので…）。電子辞書なら複数の辞書を一括検索することも可能です。

シソーラスは、とくに作文を書くときや、ボキャブラリーを増やす際には非常に役立ちます。

また、覚えた単語の数が5000語を超えたあたりで、思い切って英和辞典を使うのをやめ、英英辞典に切り替えてみてください。英和辞典を使い続けるよりも、はるかに実践的な英語感覚を身につけることができます。

■「不自然な英語」を排除するための連語辞典

日本ではあまり使われていないようですが、**コロケーション辞典**も非常に便利です。こちらは、一般の電子辞書にはまず入っておらず、プロ仕様の高価なものにオプション対応で入れられるパターンが多いようです。

コロケーション辞典とは、2つ以上の単語の慣用的なつながり、つまり連語を網羅的に収載した辞書です。たとえば、"fast food"とは言いますが、同じ意味を持たせようとして"quick food"とは言えません。反対に"quick meal"はOKで、"fast meal"は間違い。

「文法的な観点では大丈夫でも、実際には使われない表現」というのは、普段から英語に触れているネイティブならすぐにわかるのですが、非ネイティブの学習者にはなかなかピンときません。こういうときに「コロケーション辞典」があると便利なのです。

95

おすすめ教材

『Longman Dictionary of Contemporary English』

（Pearson Education）

こちらは学習者向けにやさしく書かれた英英辞書として、長年定評のあるものです。私も高校生のころに使いはじめましたので愛着があります。すべての単語を2000語程度の語彙で説明する方針で編集されています。

『Oxford Advanced Learner's Dictionary』

（A. S. Hornby［編］／Oxford University Press）

もともとは日本で英語を教えていた言語学者ホーンビーが中心になって編まれた辞書です。改訂を重ねていて、最新版は2010年刊。

『英辞郎』

（アルク『英辞郎』開発チーム／アルク）

コンピュータ上にも辞書を入れておくと何かと便利です。私自身、『英辞郎』もかなり長く使っているものの1つですが、それ以外にも『ジーニアス』『新編英和活用大辞典』『Cobuild』『Cobuild Thesaurus』などをハードディスクに入れています。「DDWin」というソフトを使うと、これらの辞書を一括検索できます。

Chapter **4**

世界の
非ネイティブエリートが
やっている文法習得法

イェール大学式［**グラマー**］養成メソッド【入門編❶】

日本人には有利な
「短期集中」型の文法復習

　英語学習の一般的なセクション分けには、グラマー（文法）、リーディング（読解）、ライティング（記述）、リスニング（聴解）、スピーキング（会話）の5種類があります。では、順番をつけるとすれば、**これらのうちどのセクションを先に学んでいけばいいのか。**

　ずばり、グラマーです。「何よりも優先して発音をやりましょう」ということは先に述べたとおりですが、その次に文法を固めることが、短期間で一気に英語力をつける際の秘訣なのです。とくに、大人が語学を習得する場合には、分析的な理解力をテコに**速習するのがベスト**です。

「英語で書かれた参考書」を使おう

　日本で教育を受けた人であれば、中学、高校、大学受験などで英文法の基礎はひと通り学んでいるはずです。日本の教育はここに偏っているのが問題なのですが、裏を返せば、日本人の多くにとってここはかなり勉強が楽なのです。

　しかも文法に関しては、日本は教材に事欠きません。まとめて復習するための本も出ていますから、こうした本を上手に使いながら、短期間で一気に頭に入れてしまうことです。

　参考書を選ぶときのポイントは、日本の教材なら「自分のレベルより少し上」のものを選ぶこと。

　しかし、私がおすすめしているのは**「自分のレベルより少**

し下か同じくらいのレベル」のもので、しかも解説が「英語」で書かれているものを使うことです。

日本では意外と知られていないようですが、英米圏に留学する世界中の学生が利用している優秀な参考書・問題集があります。おすすめ教材のところにいくつかピックアップしておきましたので参考にしてください。

「一冊すべて」をやり切る必要はない

短期集中で英語を習得したいのであれば、第1章から順に勉強していく必要は一切なし。自分のわかっていないところだけを補強してしまったら、そこでもう終わりにします。

なかには、英語力診断用の「Exit Test」がついている教材もありますが、これが巻末にあるからといって、何も最後にやることはありません。最初にこのテストから挑戦し、まず自分の実力を測ってください。これに基づき、自分の弱点を把握し、その弱点の攻略からはじめます。

自分のレベルに合った本を選び、**わからないところからはじめ、わからないところだけを学習する**のが、短期で文法を攻略するためのコツです。

なお、日本の大学入試などを念頭に置いた問題集には、日常的にはほとんど使われない不自然な表現が頻出します。

しかも、形式的な文法から正解を決めさせるものが多く、応用力が育ちません。例文が自然で、そのまま実践に活用できるものを使うようにしましょう。

おすすめ教材

『英文法パターンドリル 中学1年』

（杉山一志［著］／文英堂）

【本当に最初から学び直す英文法】

「いや、もう英語はからっきしダメ。be動詞と一般動詞の区別すら怪しい」という人は、ここからはじめましょう。必要に応じて、「中学2年」「3年」「高校基礎」というかたちでレベルアップしていきます。

「例文を音読→問題を解く→答え合わせ→正解を音読」という作業を地道に繰り返します。本書の例文はすべてが「自然」なものとは言えませんが、あくまでも「無難な選択」としてこちらを挙げておきます。

『Basic Grammar in Use (3rd Edition)』

（Raymond Murphy［著］／Cambridge University Press）

【最初から学び直すための文法】

「中学レベルの英文法は途中までなら自信があるけれど、まだまだ不安がある」という人におすすめなのがこちら。英検3級程度の実力があれば、自然な英語を無理なく復習できます。独学するなら巻末の「Study Guide」から攻めましょう。

100

chapter 4　世界の非ネイティブエリートがやっている文法習得法

『Grammar in Use (3rd Edition)』

（Raymond Murphy［著］／Cambridge University Press）

【受験で英語が得意だった人のやり直し英文法】
日本語併記版ではなく、英語のみの版がおすすめ。独学者であれば英検2級程度のレベル感です。「Study Guide」の問題を解き、自信のないユニットを集中的に学びましょう。
日本の受験文法で軽視されがちな「時制」と「助動詞」を徹底的に練習できるだけの問題量が用意されているうえ、正解を導くための「文脈」が前後に与えられているのもすばらしい点です。
一方で、接続詞や名詞節の使い方については、記述がやや薄め。読解や作文につながる学習を意識するときには多少の不満も残ります。

『Oxford Practice Grammar Basic』

（Norman Coe他［著］／Oxford University Press）

【イギリス英語で勉強したい】
アメリカ英語ではなくイギリス英語で学びたいという人、TOEFLではなくIELTSなどの受験を考えているという人には、こちらの選択肢もあります。
Murphyの「Basic Grammar in Use」と「Grammar in Use」のちょうど中間ぐらいの難易度です。中級（Intermediate）、上級（Advanced）もあります。

101

おすすめ教材

【分からなかったら調べるための文法参考書】
文法の参考書ですが、①は日本人学習者の視点から書かれたもの、③ネイティブスピーカーの視点で書かれたもの、②はその中間という並べ方です。

①『総合英語 Forest』

（石黒明博［監修］／桐原書店）

学習英文法の代表的参考書。類書でも構わないので、一冊持っておくと便利です。例えば仮定法だったら仮定法、不定詞だったら不定詞と、項目毎にまとめて読んで理解を深める使い方をすると良いでしょう。

②『一億人の英文法』

（大西泰斗、ポール・マクベイ［著］／ナガセ）

ある程度は英語に触れたことがある学習者が、ネイティブ・スピーカーの頭の中を追体験しながら知識を整理するのに使うと良いでしょう。英語に全く触れた経験がない人がこの本を使おうとすると、良さが分からないと思います。大量のインプットを通じてため込んだ違和感を解消するために使うことをおすすめします。

③『オックスフォード実例現代英語用法辞典』

（マイケル・スワン［著］／研究社）

ネイティブスピーカーから見て、外国人がしがちな間違いを集めて解説したものです。日本人だけではなく、世界中いろいろな言語を母語とする人々が、様々な間違いをおかしながら英語を使っているということがよく分かります。

イェール大学式［グラマー］養成メソッド【入門編❷】

「論理的」に読みながら、 「英語の勘」を養うには?

まずは次の文を読解してみてください。

Knowledge is indeed power if it provides superior ways of sailing ships, digging up minerals, firing guns and curing sickness.

日本の英語教育だと、この文の意味を把握する際には、「KnowledgeがS（主語）で、isがV（動詞）で、powerがC（補語）、そしてif以下が副詞節として主節を修飾していて、itはknowledgeを受けた代名詞で…」というように細かく文の要素を分解していきます。

大学受験用の英文解釈の本だと、修飾や同格の関係を示すために、矢印やら二重線やらが色分けしながら書き込まれたものがありますよね。

私は、このやり方を一概に否定しませんし、塾の授業でも同様の指導法をします。 いまでも、たとえば学術書の翻訳原稿をつくれと言われれば、こうやって英文を慎重に分析し、日本語に訳していくでしょう。英文法が正確にわかるのに越したことはありません。

では、この読み方のいったい何が問題なのか?

103

そう、時間がかかりすぎることです。人によっては、英文解釈が上手にできるようになると「パズル解き」をやっているような気になってきて、それにはまってしまう人もいます。でも、それでは本末転倒ですよね。

非ネイティブには、文法解析の知識は不可欠

私がイェール大学の大学院生だったときは、1週間に2500〜3000ページほどの書籍や論文を読むことが求められていました。もちろんすべて英語。いま考えても、恐ろしいくらいの分量です。

これだけの量を読むには、スキャンするような感覚で文章を読んでいくしかありません。そんなときに「副詞節がどこにあって…」なんてことは考えていられない。

ところが、難しい論文だと、スキャン感覚で読み込むだけでは理解できないところが出てくる。そういう場合には、やはり立ち止まって品詞や文法を分解します。

つまり、文法解析の知識をいちいち呼び覚ましている余裕はないものの、英文をスピーディーに読むことができるのはやはり、文の構造を理解する力があってのことなのです。

非ネイティブであるかぎり、英文の意味をなんとなく理解するだけでなく、文の構造も含めて正確に理解する力は、や

はり必要。ですから、受験英語的なトレーニングも、決して無駄なことではないのです。また、文法を分析する力は書く作業にも生きてきます。

どうせなら「文法解析」も英語でやってしまおう

ただし、あまりこだわり過ぎると、時間がかかるばかりで量をこなせなくなります。さらに、ある程度量をこなさないと、「英語脳」は育たない。**日本語をシャットアウトしてすべて英語で考える時期がないと、基礎的な能力は上達しないのです。**

というわけで、丁寧に読み解く作業と、読み流していく作業とをバランスよくこなしていくことが大切なのですが、そこでおすすめなのが、**文法解析そのものも英語で考えてしまうということ**です。

「これが主語」「これが動詞」「ここは副詞節」と日本語で考えるのではなく、"This word is the subject.""This is the verb." と脳内で意識的に英語を使います。

とにかく大切なのは、日本語脳を活性化させないようにすること。少なくとも、主語はS、動詞はV、関係代名詞はRPなどと記号を決めてしまい、日本語をシャットアウトするようにしましょう。

イェール大学式［グラマー］養成メソッド【初級編❶】

イェールの学生もやっている
「文法の丸暗記」とは?

　イェール大学の外国語の授業では、文法をとても細かく教えてくれます。

　日本の場合、穴埋め問題や選択問題によるペーパーテストによって成績がつけられますが、**イェールでは「文がスラスラと言えるかどうか」までをじっくり試され、評価がつけられます。**

　なぜそうするのかというと、口ではっきりと言えるまで覚えられれば、それを書くこともできるからです。

　私自身も高校生のころ、文法を記憶する際には、参考書の例文を何度も書き写すだけでなく、音読もするようにしていました（いま読み返すと、酷い例文だと思うものが多数ありますが…。大学入試に頻出する例文は、必ずしも英語として自然な表現だとはかぎりません）。

文法については「泥臭い学習」が欠かせない

　文法については、穴埋めや選択式で解答できる程度の知識で満足してはいけません。口でスラスラ言えるまで徹底して文法を叩き込むべきなのです。

　日本の英語教育は残念ながらそのようにはなっていませんが、**世界から優秀なエリートが集まるイェールでさえ、文法に関してはこのような地道な学び方をしている**のです。

106

chapter 4　世界の非ネイティブエリートがやっている文法習得法

　とにかく声に出して例文を言えるようにする。そうやって
文法を身体に染み込ませないかぎり、実践で使えるだけの必
要な反応速度が育たないのです。

　問題集を解くときは、なるべく例文が自然なものを使い、
会話で用いる表現も一緒に覚えてしまうようにしましょう
（100・101ページ参照）。

　受験用の問題集はあくまでも受験用だと割り切ってくださ
い。説明が古くて不正確なものも多く、何よりも変な例文が
満載だからです。

イェール大学式［グラマー］養成メソッド【初級編❷】

「時制」の理解が進むと、
英文法は飛躍する

　どんな言語においても、文法上の重要な要素は「主語」と「動詞」です。どんな文にも主語と動詞が出てくるからです。主語についてはボキャブラリーを増やすのがいちばんの対策ですが、**動詞については、なんといっても大切なのが「時制」**です。

　時制の理解をおろそかにして、あいまいなままにしていると、大きな誤解が生じる場合がある。
「単純現在はこういうときに使う」「現在進行形はこういうときに使う」というように明確なパターンを頭のなかに焼きつけてください。

　単純現在や現在進行形は、中学1年生で習う内容ですが、実はよくわかっていない人が意外と多い。ここを押さえておくと英文の理解がより深まりますので、しっかりと把握しておいてください。同じことは完了形などにも言えます。

時制は「ロジカルな理解」が不可欠

　たとえば、単純現在には次の4つの意味があります。まずこれをちゃんと押さえておく。

108

chapter 4　世界の非ネイティブエリートがやっている文法習得法

①現在の習慣
②職業・状態
③科学的事実・ことわざ
④確定した公的な予定

　このうち③の代表的な例の1つは、「大気圧で水が沸騰する温度は100度」という「科学的事実」を表した次の例文です。

> Water **boils** at 100 degrees Celsius.
> （水は100度で沸騰する）

　こういった簡単な例でも、フルセンテンスで英語を覚えてしまうのです（waterが無冠詞なのも含めて覚えてしまいましょう）。

　また、未来のことはすべてwillを使うと思っている人がいますが、④の用法のように、個人ではなく、多くの人々に影響する公的な予定を表す際にも単純現在を使います。

109

> Tomorrow **is** Saturday.
> （明日は土曜日だ）
> The fall semester **starts** on September 1.
> （秋学期は9月1日にはじまる）

　非ネイティブであるかぎり、「単純現在はいまのことを表す」というなんとなくの解釈ではなく、「4つの使い方がある」ということを系統立ててきちんと把握しておく必要があります。

　こうした基礎があると、リスニングやリーディングにおいて、より早く正確に文を理解できるようになります。

現在進行形の基本的イメージは「中間地点」

　現在進行形にも大きく分けて4つの用法があります。

　①現在進行中の動作
　②普段とは違う状況
　③状況の変化
　④個人の予定

chapter 4　世界の非ネイティブエリートがやっている文法習得法

　より精密に細分化していくこともできますが、物事を覚え込むときには多くても5項目ぐらいまでに整理して要約したほうがうまくいきます。現在進行形の基本的なイメージは、「いまを挟んでちょっと前に何かがはじまって、まだ終わっていない」という状況です。

　たとえば、上司に電話したところ、次の返事がありました。

I'm interviewing a job candidate now.

I will call you back later.

（採用面接中だから、あとで折り返し電話するよ）

　これは①の意味の現在進行形ですが、電話の相手である上司が「面接官として採用面接の開始時点と終了時点の**中間地点**にいる」ということを意味します。

　本来なら電話に出て返事する場面ではないのに、わざわざ電話を取って返事してくれたことがわかります。面接相手に対して、すまなそうにしながら電話を切る状況が容易に想像できます。ちなみに、"I will call you back later."は、あとで電話すると「その場」で決めていることがわかります。

111

「will」で表現できない「未来」がある

一方で、上司に来週月曜日の予定を尋ねたところ、次のような返事があったとします。

> I am interviewing a job candidate next Monday afternoon.
> （来週月曜の午後は採用面接中なんだ）

この場合は④の意味の現在進行形。つまり、過去のある時点で、採用面接の予定を入れたことを示しています。「いまは面接の最中ではないけれども、月曜午後には確実にそうなる」という感覚を示しているのです。

スケジュール帳に、「採用面接」と書いてある状況を思い浮かべるとわかりやすいかもしれません。もう約束して「準備してある」ことなので、「will」はふさわしくない。「will」のほうは、「その場で決めた未来」を表すときに使います。

「will」＝「be going to」ではない

現在進行形を用いた未来の表現は、ネイティブのあいだではかなり一般的に使われています。ところが日本の学校では、しっかり教えているとは言えない。

一方で、学校英語でも教えてくれる「be going to 〜」で

chapter 4　世界の非ネイティブエリートがやっている文法習得法

すが、これは実際のところ現在進行形の「〜 ing」に不定詞がついているだけと理解すると、このようなかたちになっているのが腑に落ちるはずです。「確実に〜する運び」という意味を込めた「going」なのです。

ところが、多くの日本人は「willとbe going to 〜はほとんど同じで、どちらも未来を表す表現」というきわめていい加減な教え方をされています。これはかなり問題だと思います。

なお、「いつもと違う状況」を表すときにも、下記のように現在進行形を使います（②の意味の現在進行形）。

Kathy usually wears a pink hat, but she **is wearing** a blue one today.
（キャシーは普段はピンクの帽子をかぶっているが、今日はブルーをかぶっている）

イェール大学式［グラマー］養成メソッド【中級編❶】

英語のニュアンス、9割は「助動詞」に

　時制の次に重要なのが「助動詞」です。

　よく「英語には敬語表現がほとんどない」などと言われたりしますが、これは大きな誤解です。**英語では、人間関係の微妙な温度差や、感情の機微、そして相手への敬意や配慮を助動詞に込めている**のです。

「had better」＝「〜したほうがいい」はウソ

　よく誤解されているのが、「should」「had better」「must」「may」の使い方。シチュエーションごとに使い分けをしなくてはならない重要な表現です。

　たとえば参考書などには、「should（〜すべきだ）」「had better（〜したほうがいい）」などと書かれていますが、**この訳し方は完全に間違っています**。たとえば、

> You **had better** do it.

と言うときは、「お前、それをやらないとヤバいぞ」ぐらいの意味があって、かなり強烈なインパクトを与えます。逆に、

> You **should** do it.

のほうは友達同士で言い合えるような「したほうがいいよ」という表現なわけです。さらにもっとやさしく言いたいときには、

> You **might want to** do it.

になります。

　いずれにしても、「had better」はかなり強い表現で、「you」を主語にした場合には、相手を子ども扱いして、上から目線でかなりお節介なことを言うようなニュアンスが含まれます。このあたりの説明がかなり不正確です。

「would like」＝「wantの丁寧表現」ではない

　「would」の使い方にも細心の注意を払う必要があります。日本の参考書ではこのあたりをうまく解説しているものはほとんどありません。100・101 ページで紹介した Murphy のものなどをおすすめするのはそのためです。たとえば、

> I'd like some coffee.

の場合、「would likeはwantの丁寧な言い方だ」と教えられなかったでしょうか。細かい説明がないままに暗記させられ

るので、ただ単に熟語として覚え込んでしまっている人がほとんどです。もったいない！

基本的に「would」には「事実と反する想像」の意味があります。たとえば、"I like coffee." という文は、「私はコーヒーが好きだ」という事実を表現しているだけですね。

一方、"I **would** like some coffee." は、「いまこの場にコーヒーはないんだけど、もしもあったらコーヒーが好き」→「もしコーヒーがあれば、うれしいな」というニュアンスを含むことになる。それが「コーヒーを入れていただけませんか？」という婉曲的な言い回しとして使われるのです。

こういうイメージで覚えておけば、「I would love 〜」「I would hate 〜」「I would prefer 〜」という表現に込められた意味合いも理解したうえで応用していくことができますね。

116

イェール大学式［グラマー］養成メソッド【中級編❷】

couldはcanからの
「2つの距離」を示している

　助動詞に込められた細かい感情表現を理解しておかない
と、文章を読んだときに浮かぶ背景や状況がまったく違って
きてしまうときがあります。
　そうした感覚を養うためにどうすればいいか。もうおわか
りですね。そう、やはり動画を見ながら覚えていくのが最適
です。
**「どういった状況で」「どの助動詞が」使われているかに注
意しながら映像を見ていくと、スピーディーかつ深く理解が
進みます。**

　何度強調しても足りないくらいですが、語学をマスターす
るには、さまざまな状況に実際に身を置いたり、それを目に
したりしながら学ぶことが不可欠なのです。
　**そうした「実践的状況のストック」が圧倒的に不足してい
るのが、日本の学習者たちです。**日本人が英語を話せない最
大の原因はここにある。

　だからやるべきことははっきりしています。
　逆に、この情報をストックしていく努力を意識すれば、場
合によっては帰国子女や語学留学生よりも効率的・合理的に
高い学習効果を得ることができるのです。

助動詞の過去形は「2つの距離感」を表す

　助動詞の含むニュアンスについて、もう少しだけ解説しておきましょう。さきほど「will」の過去形である「would」の話をしましたが、「can」「will」「may」の過去形「could」「would」「might」についても、日本人はなかなか本来の意味をうまくつかめていない。

　これらの助動詞を過去形にすることで、何を表現しているかということをひと言で言うなら、それは「距離感」です。ややこしいのは、このときの距離感に「2つの方向性」があるから。

　1つは**「現在からの時間的な距離感」**で、現在から過去に遠ざかっていく際に使います。要するに普通の過去ですね。

I **can** see it.（ぼくには見えているよ）
　　↓
I **could** see it.（ぼくには見えていたよ）

　もう1つは、**「現実からの仮定的な距離感」**。この場合の"I **could** see it."には「［見ようと思えば］ぼくには見えるよ」という意味合いが出てきます。つまり、文法的には過去形だけれど、意味的には「現在」のことを語っている。

chapter 4　世界の非ネイティブエリートがやっている文法習得法

　では、現実から遠ざかりつつ仮定的な方向に進み、さらに現在から遠ざかった過去のことを表現したい場合はどうするかというと、下記のようになります。

> I **could have** seen it.
> （[見ようと思えば] 見ることができたのに）

　助動詞の過去形には、このような仮定法的な意味があるということを理解しておくと、英語をインプットするときにもアウトプットするときにも、断然違ってくるはずです。

■ 助動詞の過去形は「2つの距離感」を表す

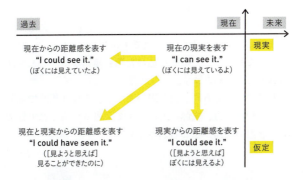

「過去形にすれば丁寧」というわけではない

　さて、ここまで助動詞による微妙なニュアンスの表現法について、主要なものをピックアップしてきましたが、最後に注意しておきたいことが1点あります。

　よく「Could you 〜?とCan you 〜?では、前者のほうが丁寧です」などと教えている解説を見かけますが、これも「使える英語」という観点で言うと、かなりズレた議論だと思います。なぜか？

　こう言ってしまうと元も子もないですが、**すべては「言い方」次第**だからです。

　親しみやすく、相手に愛情や思いやりが感じられるような言い方で"Can you 〜?"を使うのであれば、決して失礼ではありません。逆に、上から目線で"Could you please 〜?"なんて言ってしまうと、嫌味を込めた慇懃無礼なヤツだと受け取られることもあります。

　これは日本語でも同じだと思いますが、やはり英語でも声のトーンや言い方、文脈などによって、書き言葉では十分に表現できない感情が伝わるわけです。

120

イェール大学式［**グラマー**］養成メソッド【上級編】

「状況のストック」に加えて、「ロジカルな理解」も求められる

　自分が学校の先生に習った英文法で「これだけはいただけなかったなあ」と思うのが「some / any」の使い分けです。中学校の先生に、「someは肯定文で使われ、一方で否定文や疑問文になるとanyになる」というお決まりの説明を受けて以来、混乱し続けていました。

　しかしたとえば、次のような文はごく普通に使われます。

Some countries in Asia have not experienced democratization.
（アジアには民主化を経験していない国がある）
Any politician will do.
（［仕事をしてくれるなら］どの政治家でもいい）

これを見たかぎり、肯定なら「some」、否定なら「any」という覚え方では明らかに対処できない。

「疑問文ではanyを使う」は大失敗につながる!?

　また、疑問文でも「some」が使われるケースも珍しくありません。先ほども登場した例文です。

Would you like **some** coffee?

これについては、「肯定の答を期待しているからsomeを用いる」という説明がよくなされます。でも、それって本当でしょうか（否定の答えもあるように思うんですが…）。

　では、ここで「any」を使ってしまったらどうなるか。大きな誤解をされてしまいます。

　"Would you like any coffee?"と尋ねられたネイティブは、間違いなくギョッとするでしょう。

　これは「どんなコーヒーでもいいから、とにかくコーヒーを飲んでみたい？」というニュアンスですから、「昨日の出がらしのコーヒー」とか「スポイト1滴分くらいのコーヒー」とか、何かとんでもないコーヒーが出てくるように連想するネイティブもいるかもしれません。

「疑問文だからanyを使う」という覚え方は、間違いなのです。

「英語を学ぶ」から「英語で学ぶ」に踏み出そう

　こういうときは、**両者の意味をまず根幹から把握したほうが早い。特に抽象度の高い言葉については、映像のなかで学ぶことに加え、ある程度、論理的に理解していくというやり方が効果的です。**

　また、1つの教材だけで学ぼうとすると、間違いを見過ご

chapter 4 世界の非ネイティブエリートがやっている文法習得法

してしまうことがありますから、複数の教材を使い、角度を変えて学んでいくと、こうした勘違いを防ぐことができます。

「some / any」に関して言えば、ちょっと意外かもしれませんが、英語で書かれた「数学の教科書」もしくは数式を多用する「経済学の教科書」がおすすめです。

A technology exhibits constant returns to scale if **any** of the following are satisfied.
（技術は、次の任意の条件のうちいずれかが満たされるとき収穫一定である）

これはグーグル社チーフ・エコノミストを務めるハル・ヴァリアンが書いた『Microeconomic Analysis (3rd ed.)』というミクロ経済学の教科書の一節です。

概念の定義に続いて、数式がいくつか並んでいるのですが、これを見たときに私は「anyの意味がはっきりよくわかった」と感じたのを覚えています。

数学が苦手な人には、かえって難しく感じられるかもしれませんが、**ここで私が言いたいのは、「英語を学ぶ」のでは**

123

なく、「**英語で学ぶ**」ことの重要性です。

　自分に興味があることや実務で知っておくべきことを英語で学んだほうが、結果的に英語力を楽にアップさせられるということもお忘れなく。

Chapter 5

世界の
非ネイティブエリートが
やっている
最強の英語勉強法

イェール大学式［スピーキング］養成メソッド❶

「読む・聞く・書く」よりも、
まず「話す」を優先すべき理由

　日本人の英語学習の実態は、平均すると「インプット95％、アウトプット5％」ぐらいだといいます。これでは非常にバランスが悪い。

　自分の学習経験では、「インプット8割、アウトプット2割」ぐらいの割合がベストだと思います。つまり、単語や文法、リーディング、リスニングに8割の時間を割いて、スピーキングとライティングに2割を当てるということ。一方で最初からアウトプット2割を目指すというよりは、インプット95％からはじめ、徐々にアウトプットの割合を増やしていくのが現実的です。

「読むこと」と「聞くこと」は受け身の動作なので、コツコツとやっていけばなんとかなりますが、「話すこと」と「書くこと」は日頃から積極的に練習しておかないと力を伸ばすのは難しい。いくら単語や文法を覚えても、それを外に向けて使わなければ、自分の能力を大きく伸ばすことはできないのです。

　アウトプットのなかでも、とくに重視すべきなのがスピーキングのスキル。これがボトルネックとなって、「読む」「書く」「聞く」といったほかのスキルの成長を抑制してしまう可能性があるからです。

　それぞれのスキルはお互いに影響を与え合っていますが、とくに「話す」能力は、ほかの能力を引き上げるうえでのカ

ギとなります。

音読&シャドーイングで、身体に染み込ませる

　では、スピーキングの練習はどのように実践していけばい
いのか。まずは、難しい文章でなくていいので、**文頭から文
末まで、一文をフルセンテンスでしっかりと口に出す練習を
してください。**こうして音声の流れとして文法やフレーズを
身体に染み込ませてしまう。反射的に正しいセンテンスが出
てくるようにする最初のステップがこの音読練習です。

　続いて、**音源のある教材を使い、文単位のシャドーイング
をします。**62ページで触れましたが、まずは単語単位でシャ
ドーイング練習をはじめ、発音の基礎を固めておけば、文で
練習してもそれほど困難は感じないはずです。

　シャドウイング練習は、自分の実力よりも幾分易しめの教
材を選び、オーバーラッピング練習は少し難しめの教材を選
ぶのが良いでしょう。シャドウイングは聞こえてくる音声
を、時差を伴う形で復唱する作業ですが、オーバーラッピン
グはテキストを見ながら、聞こえてくる音声と同時に読んで
いく作業です。オーバーラッピングで慣れてきたらシャドウ
イングに挑戦するなど、順番を組み立てて練習します。

　とにかく、「聞きっぱなし」「読みっぱなし」ではなく、口
から音声を出す作業をまず重視するようにします。

イェール大学式［**スピーキング**］養成メソッド❷

エリートの反射神経も、
「パターン」と「メモ」から成り立つ

　先ほど「文法が大切だ」と主張しましたが、試験問題を解くための文法知識と、書いたり話すための文法知識にはかなりの違いがあります。大学入試では、ゆっくり考えながらパズルを解くような知識が重視されますが、話すための英語には単純な文を反射的に繰り出す能力が要求されます。

　大脳で考えてから発言するようでは、間延びしてしまってスムーズな会話が成り立ちません。聞いたらすぐに身体全体が連動するくらいの反射神経が必要なのです。そこまで徹底して意識してください。

■ 「状況」に対する「引き出し」を蓄積していく

　私が反射神経を身につけるためにやったのは、**会話を想定して、いくつかの答え方を覚えてしまうこと**でした。

　日本語の会話も同じですが、会話には必ず一定のパターンがあります。これらを何パターンか用意しておき、会話のなかですぐに口から出てくるようにしておくのです。

　たとえば、"Thank you!"と言われて、いつも"You are welcome."ではつまらない。"No problem.""My pleasure.""Anytime.""You bet."などいくつかの引き出しを用意しておいて、その場の雰囲気に合わせて使い分けるのです。

　反射的に英語が出てくるまで練習すれば、場面次第でバリエーション豊かな表現ができるようになっているはずです。

chapter 5　世界の非ネイティブエリートがやっている最強の英語勉強法

　相手の質問への答え方をいくつか覚えておくのもいい考えです。質問の種類にもいくつかのパターンがあるので、早押しゲームの感覚で反射的に応じられるような癖をつけていく。**とにかく「反応速度」を上げることが、スピーキングに欠かせない基礎練習です。**

　実際に英語で会話をする際に、「えーと」などと言って頭のなかでグズグズと考えていたら、相手は退屈してしまいます。

　退屈だと思われれば、相手が再び話しかけてくることはないでしょう。ゆっくり考えて慎重に答えるというのでは、全くお話になりません。

頭脳明晰なイェール学生も「メモ」を用意する

　さて、ある程度内容のあることを話そうとするなら、まずメモを用意しておくことです。

　頭脳明晰なイェールの学生たちも、授業で発言するときには、何らかのメモを用意していることがほとんどでした。

　といっても、メモの棒読みをするわけではありません。メモを用意したら、それをベースに声に出して何かを話す練習をしてみてください。文法の誤り、冠詞の誤りなどは、意外と音読して初めて気づくことがよくあります。

129

イェール大学式［スピーキング］養成メソッド❸

自分の英会話を
「客観視」できていますか?

　私がアメリカの大学で就職活動していたころは、研究報告や模擬授業の様子を自らビデオに撮って確認するというトレーニングを自分に課していました。

　まずは約40分間、本番を想定して英語で話し続ける。それをあとで見返すのです。

　うまく話せていないところをチェックし、改善する箇所のリストをつくりました。それを見ながら自分で矯正し、もう一度、英語で話しているのを撮影します。

　ちなみにイェールでは、自分が話している様子を録画しておき、その映像をコンサルタントに渡すと、講評を加えてくれるというサービスまでありました。

　英語を話している自分を客観的に見ると、思っていた以上に「下手だな」と感じます。実は、人は誰でも自分が話している声を、空気が鼓膜を震動させて聞こえる音（気導音）だけではなく、頭蓋骨が震動して聞こえる音（骨導音）を通じて聞いています。そのせいで、自分の話す外国語は実際よりも上手に聞こえるのです。私も自分の姿をビデオで見る度に落ち込みましたが、絶対に避けては通れないトレーニングだと思って続けました。外国語教授法の業界では、「モニタリング」というのですが、自分の達成状況を第三者的に把握する作業は、学習効率を高める上で非常に効果が高いことも知られています。

130

うちの塾でも独自開発したアプリで、生徒に練習の模様を録画し、提出させています。講師の側で採点してフィードバックを返すようにしていますが、一方で生徒が自分の音声を自分で聴くこと自体に大きな意味があるわけですね。

イェール大の「ミュージカル」でトレーニング

こうしたセルフチェックは、スピーキング力を伸ばすためには不可欠です。自分の英語を聞いてみて、発音が間違っているところがあれば、そこを矯正し、再び録音。何度か繰り返していくうちに、かなりうまくなっていくはずです。

英語の本の一節やドラマのセリフをICレコーダーに吹き込み、自分で聞いてみるのもいいでしょう。ビデオカメラやスマートフォンで動画を撮影してもいいですね。

どんな本やドラマを選んでいいのかわからない人は、イェール大学をミュージカル仕立てで紹介した映像"That's Why I Chose Yale"を使ってみてください。これはYouTubeで見られますし、セリフのテキストもインターネットを検索すれば見つかります。

発音もきれいですし、はっきりと口を開けて発音しているので、お手本にするにはちょうどいいと言えます。文章表現は若干口語的ではありますが、わかりやすいものばかりなので、練習には最適です。

イェール大学式［スピーキング］養成メソッド❹

「自分を語れない」かぎり、その言葉はマスターできない

　少し前に、イェール大学の図書館長であるスーザン・ギボンズ氏にインタビューをする機会がありました。彼女は私の質問に対し、言葉を選びながら丁寧に答えてくれていたのですが、いざ自分のことを説明する段になると、急に話のスピードが上がり、スラスラとよどみなく言葉が出るようになりました。

　おそらく彼女は、これまで何度も何度も初対面の人に同じことを話してきたのでしょう。見ていてそれがわかるくらい反射的に言葉が出ていました。

まず自己紹介を完璧にしてしまおう

　そこで、スピーキングのトレーニングに効果的な方法をもう1つ。それは、**自分を紹介する英文をA4用紙3枚くらいの分量で箇条書きにしておくこと**です。

　まず大切なのは、自分に関する情報やネタを表現するための語彙を確認することです。少なくとも箇条書きにしてあれば、あとで自分なりの多少のバリエーションを臨機応変に加えることができます。

　すべて文章にして書いてしまってもかまいませんが、その場合はネイティブや経験豊富な日本人に添削指導をお願いするのが理想的です。

このメモをベースにしつつ、相手に自己紹介できるように、いくつかのパターンを考えて話せるように練習します。私もこれをよくやりました。

　仕事や日常生活のなかでネイティブと話す機会があれば、その内容を思い出しながら話してみてください。仕事のことや、家族のこと、趣味のことなど、いろいろと話せるトピックはあると思います。
　そうしたことを書き出してみて、いつでも話せるようにしておくと、いざというときに慌てずにすみます。

最低限の情報収集ですむので、表現に集中できる

　私自身も自己紹介についてはかなり流暢に話せるようになりました。自分で録音した音声を聴くと明らかです。
　一方で、言葉を選んで考えながら話すときは、非ネイティブである私はもちろん、ネイティブスピーカーでも言いよどんだり、話すのがゆっくりになったりするものです。
　初対面の人とまず話すのは、自己紹介です。実際、**相手のことをわかろうとする前に、積極的に自分について伝えることは、コミュニケーションをとるうえでも大切なこと**です。
　自分のことなら情報を調べたりする必要もないので、簡単にまとめられるはず。もちろん仕事のことになると、専門用

語などを調べる必要が出てくるかもしれませんが、それはそれで結局は自分の知識になりますから、一挙両得です。

仕事のために「C.V.」も用意しておこう

自己紹介には、よく使われる表現パターンがあります。まずはそうした表現を使いながら、徐々に自分用にアレンジしていってください。

とくに、**仕事で英語を使う人は、履歴書（C.V.）をつくって定期的にアップデートする**ことをおすすめします。C.V.の書き方は、実際に活躍している業界の第一人者のウェブページから、PDFファイルをダウンロードして参考にしてみてください。英語を学ぶだけでなく、今後のキャリア設計をどうするかという意味でも、得るものは大きいはずです。

おすすめ教材

『**CD付 起きてから寝るまで英語表現700
完全改訂版**』

（吉田研作［監修］、荒井貴和、武藤克彦［著］／アルク）

生活の場面で使えるフレーズを身につけるのに最適です。すぐに使えそうな短文がいくつも出ているので参考にしてみましょう。

イェール大学式［ライティング］養成メソッド❶

「声に出す」ように
「文字にする」のが第一歩

　スピーキングの次に重視していただきたいのがライティングです。日本の学校教育で行われている英作文の授業は、基本的に「文法」の指導と混同されているケースが多く、英語で文章を書くということについて、日本人はほとんど何もトレーニングしていません。

　そのせいだと思いますが、私の塾でも「いまから30分でできるかぎりたくさん英語で作文を書いてください」と中学3年生に指示しても、最初のうちは3行しか書けないという子がたくさんいます。首都圏の有名進学校に通っている生徒でもそうです。でも、指導して1年が経つころには、だいたい2〜3ページくらいはびっしりと書くことができるようになっている。これにはちょっとしたコツがあるのです。

まずは「細かいことは気にせずに」書いてみる

　全員がそうとは言えませんが、日本人には自分の考えを主張するのを避けたり、間違いを恐れる傾向があります。

　まずは心理的なバリアを取り除き、何でもいいのでとにかく書くように気持ちを切り替えなくてはなりません。

　いざ書きはじめたら、**細かい文法の間違いについてはある程度目をつぶり、とにかく1行でも多く書くことを目指す**。スピーキングが重要だと言った理由の1つもここにあります。

　要するに、**英語を口に出すような感覚で、反射的に思った**

135

まま英語にして書いてみる。最初の段階で文法を気にしすぎると、書く意欲をそがれて、書くこと自体が億劫になってしまいます。

　別に難しいことを書く必要はありません。たとえば、明日の予定、鑑賞した映画の感想など、何でもいいのです。

言いたいことを「1つの文」にするのが肝心

　英語で書くということに慣れてきたら、**次は英語のロジックを意識して書く練習をします。**

　英語の文章の展開の仕方は、日本語の論文作法とはだいぶ異なります。起承転結で随筆を書くなどというやり方は論外で、まず「主題（thesis）」があります。これを明確に主張し、自説を裏づける根拠を展開していきます。

　私が本格的な英作文指導を初めて受けたのは、上智大学での授業でしたが、最初にいちばん戸惑ったのは、この「主題」を固めることでした。そのときに指導してくれていた先生が口を酸っぱくして言っていたのが、「主題はワンセンテンス、つまり1つの文に収めなければならない」というルールです。

　英文独特のこうした書き方を身につけないと、相手にこちらの主張したいことが伝わらない。自分の考えを明確にし、それを簡潔にまとめて書くというスタイルは、ビジネスなど

でe-mailを書くときにも共通します。この方法を習得しておけば、きっと仕事でも役立ちます。

プロの文章の「型」を拝借してしまおう

ライティングの力を上達させるには、英文を「読む」ことが欠かせません。両者には相乗効果があるのです。

英文を読むといっても、ただなんとなく読むのではなく、段落の構成や章の立て方などにも気を配ってください（これについては144ページで後述）。

英文を読んでいて、気に入った表現や論の運び方があれば、それをメモして覚えてしまいましょう。そうすれば、その文章のスタイルは自分のもの。こうやって「自分のアウトプット」を意識しながらリーディングをすると、書く力がグンとアップします。

また、日本語でもそうですが、普段から書く作業をしていると、文章を読むときにも「書き手の立場で」読むことができるようになります。「こういう書き方をするということは、この人はこういうことが言いたいのではないか」という考え方ができるようになるわけです。

読解力を向上させるために作文、作文力を向上させるために読解。いずれのトレーニングの際にも、相乗効果を意識することが大切です。

イェール大学式［ライティング］養成メソッド❷

butから英文を
書きはじめてはいけない

　英文を書くのに慣れていないと、どうしても「I」からはじまるセンテンスが続いてしまうことがあります。

　こうした文章はどうしても稚拙な印象を与えます。コツとしては受動態を入れたり、「I」以外のものを主語にもってきたりすることで、印象が大きく変わってきます。

（×）I went to the movies yesterday. I was happy. I ate dinner with my friend after that.

　　　↓

（○）I went to the theater yesterday, and the film was great. My friend and I …

文法的に等しくないものを「and」で結んではいけない

　等位接続詞（基本的にはand / or / butの3つ。soとforを入れる人もいます）は、文法的に等しいものを結ぶ必要があるのですが、英作文をしてみるとこれができていない人が非常に多い。

　「文法的に等しいもの」というのは、目的語となる名詞と名詞、主語を修飾している形容詞と形容詞といったものです。たとえば、

chapter 5　世界の非ネイティブエリートがやっている最強の英語勉強法

（○）I would like some orange juice **and** a banana.

では、「and」は目的語となっている2つの名詞を結んでいるのです。ところが、

（×）Yesterday I ate some ice cream **and** happy.

となってしまうと、目的語となる名詞と補語となる形容詞を結んでしまっている。これは本来なら、

（○）Yesterday I ate some ice cream, **and** I was happy.

としなくてはいけません（等位接続詞が文と文を結ぶ場合、短い文以外は等位接続詞の直前にカンマを入れます）。

「but」ではじまる文が許されるのは小学生まで

　そのほか、よくやってしまうのが、「but」や「and」から文をはじめてしまうことです。
　日本語では、「しかし」とか「そして」から文がはじまることははありますが、正しい英語ではこういう書き方はしません。等位接続詞は本来、文と文をつなげたり、名詞と名詞

139

をつなげたりするもの。等位接続詞から文をはじめるのは、英語圏では小学生までは許容されますが、それ以降は慎むよう指導されます。したがって、上の文は下記のように直されます。

（×）I completed the task as soon as possible. **And** I rushed to the airport.

↓

（○）I completed the task as soon as possible, **and** I rushed to the airport.

「の」の意味の「of」を多用しない

「名詞＋前置詞＋名詞」でつくる修飾句は、「名詞＋名詞」でコンパクトに言い換えると、回りくどくないすっきりした表現になります。「前置詞＋名詞」で修飾する書き方は、英語を書くことに慣れている人でもたまにやってしまうことがあります。たとえば、こんなケースがあります。

（×）I met a teacher **of** math.

この文を見ると、a teacherを「of +math」すなわち「前置

140

詞＋名詞」で修飾してしまっているのです。そうではなく、単純に

（○）I met a math teacher.

でいいのです。このようにコンパクトに書いていったほうが上手な文章になります。

生徒たちの「国語の成績」も一緒に上がった!?

　非ネイティブの英作文によくありがちなのが、とかく「very」や「great」といった表現を多用してしまうこと。これも避けたほうがいい。

　"I had a great dinner." "I ate a big meal." と書かれても詳細がまったく伝わってきません。

　何を食べたのか、どんなふうに食べたのかなど、より詳しい情報を伝えるためには、もっといろいろな名詞や動詞、形容詞を使って、具体的な情報をコンパクトに表現しなくてはなりません。

　たとえば単に「おいしい食事を食べた」というのではなく、「体が温まる鍋料理を食べた」というふうに具体的な説明を文のなかに入れるのです。

141

すでにお気づきかもしれませんが、**これらのアドバイスのうち、いくつかは日本語の作文にも当てはまります**。実際、英語で文章を書くようになると、日本語の作文がうまくなっていきます。

私の塾でも「英語を習っているのに、国語の成績が先に上がった」という生徒が何人もいます。

英語という言語を論理的に学ぶことで、普段は無意識に使っている日本語も論理的に捉えるようになり、それが日本語の作文にもいい影響を与えるのです。

語学力は、母語の力と「一緒に」伸びていく

逆もまたしかりで、日本語を学ぶネイティブが日本語を英語に訳す作業を繰り返していると、英語のセンスが洗練されていくようです。

実際、そんな話をイェール大学の作文のチューターから聞いたことがあります。イェール大学の各学生寮には英作文のチューターがいます。チューターを務める人たちはプロの著述家ばかりです。

私が住んでいた学生寮のチューターはアンドリューという現役の弁護士で、普段から法律文書を書いている人でした。弁護士になる前の彼は、日本文学の修士課程にいたそうです

が、それでは食べていけないのでロースクールに鞍替えした<ruby>鞍替<rt>くらが</rt></ruby>えした
ということでした。

「日本の古典文学を英語に直すときほど私の英語が磨かれた
ことはありませんよ」

　こんな彼の言葉を聞いたとき、やはりそうかと思ったもの
です。

　**外国語を学ぶということは、実のところ、自分の母語を学
ぶことでもあるのです。**このことを意識しながら言語を学ぶ
と、より興味が深まるはずです。

おすすめ教材

『Fundamentals of Academic Writing』

(Linda Butler[著]／Longman)

英語論文執筆のテクニックについては、日本語で書かれたものにはあ
まりいいものがありませんし、いずれにしても英語で書かれた教本がお
すすめです。というわけで、ロングマンの「Academic Writing」シリーズ
をひと通りこなしてみましょう。この教材はシリーズもので、本書に次
いで「②First Steps in Academic Writing → ③Introduction to
Academic Writing → ④Writing Academic English」の順番に難
しくなっていきます。

なお、文法やリスニングはある程度まで独学が可能ですが、発音と作
文については、第三者のフィードバックが必要です。

イェール大学式［ライティング］養成メソッド❸

「書き方」を知っている人は、
「読む」のが圧倒的に速い

　さきほど英語の文章には決まった「型」があるとお伝えしましたが（137ページ）、それがどんなものなのか、ここで解説しておこうと思います。といっても、これはあくまでも自分の意見を伝えるための「論説文」の型です。仕事で英語を使う人でもないかぎり、ここまで系統立った文章を書く機会はないかもしれません。

　それでもあえてここで解説しているのは、**この構造を頭に入れておくことで、英文を「読む」ときに非常に役立つから**です。あらかじめ骨格がわかっていれば、文章を読む際の負担がかなり軽減されます。

　実際、私の塾でいちばん力を入れているカリキュラムが英語論文の執筆です。単なる英作文や和文英訳ではありません。自分の考えていることを、論理的に、説得力を持たせて書く作業を、中学生のうちからはじめさせています。これによって、生徒は習った文法を「使える知識」として定着させると同時に、応用力まで一気に身につけてしまうわけです。

　やり方さえ間違えなければ、中学生でも半年の練習でかなりしっかりした英語が書けるようになります。30分で3行しか英語を書けなかった中学2年生が、1年後にはTOEFLの作文セクションで満点を取れそうな域に達した事例もあります。

英語の論説文は、一般的に序章（Introduction）、本文（Body Paragraphs）、結論（Conclusion）の3つに分けられます。TOEFLやSATの問題のように1ページで完結する文章もあれば、何百ページにもわたるものもあります。しかし、基本的な形式は変わりません。分量が増えるときには、「本文」が長くなるだけです。どんな論説文も必ず序章ではじまり、結論で締めくくられます。それでは各セクションの構成を英語論文例と照らし合わせながら見ていきましょう（次ページ参照）。

なお、このセクションはJ Prep斉藤塾で実際に行っている指導をわかりやすく書き直したものです。

「イントロ」には読者を引きつける「hook」を

英語論文の特徴は、結論となる**主題（thesis）**が最初に述べられることです。この法則に従うためにも、論文を書きはじめる前にしっかりとしたアウトラインを立てなければならないのです。なんとなく書いていきながら、結論を探すというスタイルだと、どうしても趣旨が不明瞭になってしまう。

最初に結論を示し、順を追ってそれを論理的に証明していくのが基本的な形式です。

■ 英語論文の例 (※あくまで例であり、著者の見解を反映するものではありません)

── 日本企業はもっと英語を話した方が良い

▶タイトル

Japanese Companies Should Speak English (and More)

▶フック

Bridgestone. Rakuten. Uniqlo. What do these companies have in common? They have all adopted English as their official language, and for good reason. **▶主題** In order for Japanese businesses to pursue their ambitions both at home and abroad – competitive landscapes that have been transformed by globalization – a common language is necessary **▶根拠①** to facilitate communication and **▶根拠②** maintain long-term competitiveness.

▶トピックセンテンス

Adopting the world's lingua franca is not just a practical measure, but one essential to operating a successful global enterprise. **▶仮説例** For example, imagine a group of executives in Tokyo about to conduct a strategy call with their marketing firm in New York City and their manufacturer in Vietnam. How will they communicate? **▶補強** More importantly, how will they reach a consensus on a decision? **▶まとめ** With Japanese companies and their key functions becoming increasingly global, it is important for such organizations to adopt a common language that enables communication across diverse stakeholders.

▶トピックセンテンス   **▶権威付け**

English is also vital for Japanese businesses to stay competitive. Tsedal Neeley, a professor at Harvard Business School who has covered Rakuten's switch, argues that Japanese companies need a shared language in order "to **▶データによる補強** communicate with a diverse range of customers." There are an estimated 1.75 billion English speakers worldwide, not only in native-speaking countries like the United States and the United Kingdom, but also in former colonized **▶別データによる補強** countries like India and the Philippines. Given Japan's demographic and economic trends for the future, the survival of many Japanese companies will depend on their ability to increase their revenues and profits abroad. **▶まとめ** Without the ability to communicate in English, Japanese companies are limiting their products and services to domestic markets, while risking opportunities in high-growth emerging markets.

chapter 5 世界の非ネイティブエリートがやっている最強の英語勉強法

▶トピックセンテンス

More Japanese businesses are following Rakuten and Uniqlo's lead, recognizing the added value of adopting English. ▶問題提起 However, is this top-down approach to corporate language policy effective and sustainable? Companies that have adopted English-only workplaces have cited office resistance, varying levels of competency, and the resources needed to assist employees through such change as obstacles.

▶解決策

It would be wise for Japanese businesses to play a more active role in shaping English education from the ground up. ▶現状分析 The quality and outcomes of English instruction in Japan continue to lag far behind other subjects and rival countries. ▶データによる補強 The most recent report on the Test of English for International Communication (TOEIC) has Japan ranked 29th in the world, well behind neighbors South Korea (18th) and China (24th). ▶別データによる補強 Japanese students fare no better. On the Test of English as a Foreign Language (TOEFL); Japanese students score an average of 71 on the exam, compared to an average of 80 in both South Korea and Taiwan. ▶主題をさらに強く In response, Japanese firms should leverage their resources and relationships in the various sectors to invest in education and lead collaborative efforts that bring innovative practices to classrooms. Japanese companies should work with the government to create ▶まとめ more incentives that spur interest in English education. Doing so would not only ensure future generations of competent English speakers, but also an environment open to new practices and ideas.

147

■ 和訳

日本企業はもっと英語を話した方が良い

　ブリヂストン、楽天、ユニクロ。これらの企業の共通点は何だろう？　全て十分な理由があり、社内公用語として英語を採用した会社である。日本企業が、グローバリゼーションによって競争環境が一変した中で、国内外の両方で野心的な目標を追い求めるためには、意思疎通を円滑にし、長期的な競争力を維持するために共通語が必要となる。

　世界の共通語を採用することは、単に現実的なだけでなく、世界企業を動かすうえで不可欠な方策である。例えば、東京で取締役が、ニューヨークにあるマーケティング会社とベトナムに立地する製造拠点とを結んで戦略電話会議を開催するとしよう。そのような場合、どのように意思疎通するであろうか。より重要なこととして、どのようにして合意に達し、決定を下すであろうか。日本企業とその役割がより一層グローバルになる中で、多様なステークホルダーの間で意思疎通が可能になるように公用語を採用することは重要なことである。

　英語はまた、日本企業が競争力を保つためにも肝要である。楽天の公用語採用を取材してきたハーバード・ビジネス・スクール教授セダール・ニーリー氏は、「多様な範囲の消費者と意思疎通するために」こそ、共有する言語が必要だと主張する。推計では英語を話す人口は全世界で17億5千万人に上り、米国や英国のように母語として話す国だけでなく、旧植民地であるインドやフィリピンも含む。将来にわたって日本を取り巻く人口、経済統計の趨勢を鑑みるなら、日本企業の多くは、海外での売上と利益を増やすことが出来

148

chapter 5 世界の非ネイティブエリートがやっている最強の英語勉強法

るか否かで生き残りできるかどうかが決まってくるであろう。英語で
意思疎通する力量が欠如している場合、日本企業は製品やサービ
スを国内市場に限定することになり、成長性の高い新興市場を失っ
てしまうリスクに直面することになる。

　より多くの日本企業が、英語を採用する利益に気づき、楽天もしく
はユニクロが辿っている道を追随している。しかしながら、この上意
下達型の社内公用語政策は、効果があり、継続可能なものであろ
うか。社内では英語のみを用いるとの方針を採用した企業は、職場
での抵抗、バラバラな語学力、このような方針転換を障害と受け止
めている社員に対する支援のためにリソースが必要になるとのこと
である。

　日本企業にとっては、むしろ英語教育を土台から立て直すうえで
活発な役割を担うことが賢明であろう。日本での英語教育は、品
質、結果の双方で他科目や、競合国に大きく立ち遅れている。最新
のTOEICテスト結果についての報告書によれば、日本の順位は29
位で、近隣国である韓国（18位）や中国（24位）の後塵を拝してい
る。日本人学生の成績もまた芳しくない。TOEFL の平均点を見る
と、韓国、台湾の80点に比較して、日本人受験者の平均点は71点
である。これに対して、日本企業は、教室において革新的な試みを
実行する協働的な努力を推進するために教育に投資するよう、資
源や取引関係を重点的に振り向けた方が良い。日本企業は政府
と協力し、英語教育に関心をより高めるような誘引を創り出すことが
望ましい。そうすることで、次世代が確実に上手に英語を使えるよう
になるだけでなく、より新しい方法や考えに対して開かれた環境を
生み出すことになるであろう。

149

英語論文を主題からはじめるのは暗黙の了解ですが、洗練された論文に仕上げるには、「hook」と呼ばれる文をまず挿入するのが理想です。**これは読者を引きつけるための「一般論」**。hookには「釣り針」や「（漫談の）ツカミ」という意味があり、論文では文字どおり読者をつかむための重要な役割を果たすのです。hookがあることで、読者は「お、この論文は面白そうだ」「これは自分にも関係がありそうだぞ」と考え、好奇心を持って読んでくれるというわけです。

次に主題を書きます。主題というのは、この論文でいちばん強く訴えたい論点です。論文はこれを中心に構成されます。ただし、優れた主題には条件があります。

①an opinion（事実ではなく意見である）
②arguable / justifiable（議論できる・正当化できる）
③falsifiable（反証可能である）

主題は事実ではなく、意見でなくてはなりません。たとえば「水の沸点は摂氏100度である」は科学的事実なので、読者を納得させる必要がありません。つまり、**賛否両論あるなかで自分の立場を明確に表すことが必要とされるのです。**

次に、**主題は論じたり正当化したりできなければなりません**。どういうことかというと、「実質的な証拠があげられる意見」である必要があるということです。神の存在や未来の予言など、証拠がなく証明不可能なものはNGです。

そしてさらに、**主題は反証可能でなければなりません**。つまり、主題が覆されるための十分な具体性がなければならないのです。

私の塾の授業で使う例を出せば、占い師が「あなたは10年以内に結婚するでしょう」と20代後半の独身女性に言ったとします。20代後半の独身女性で、10年以内という長い猶予期間が与えられた予言ですから、それが当たる可能性というのはきわめて高いのです。しかも、10年後まで待つ必要があるため、この予言を現時点で反証することは非常に困難です。つまり、この予言は主題としてふさわしくない。

そして今度は**主題を支える「理由」**を提示しなければなりません。理由は3つ程度あるのが理想ですが、この例では代わりに後半部分に問題提起と政策提言を盛り込んであります。

このとき注意しなければならないことは、それぞれの理由がまったく異なるものでなければならないということ。1つ

の理由を延々と述べても説得力がありません。この理由も含めて、なるべく主題は1〜2文で書き上げましょう。

「本文」は4つのパーツを意識して書く

「本文」では、序章で挙げた理由の正しさを、それぞれの段落で1つずつ論証していくことになります。そのとき重要だと私が考えているのが、1段落につき4つのパーツを意識すること。

まずは**「切り出し（topic sentence)」**です。その段落がどんな内容に関するものなのかを読者に予告する役割を果たします。「本文」の第1段落では「序章」で述べた「理由」の1つめを説明するので、その旨を明記します。

次に、**「具体例」**を書きます。この例が抽象的すぎると、その論文に信憑性が欠けてしまうので、なるべく自分の経験や誰もが一度は感じたことがあることを列挙して現実味を高めましょう。

第3の要素として、具体例を詳しく説明する**「補強」**が来ます。データを示したり、引用したりしながら説得力を強化するようにします。

最後に、提示した具体例がどのように自分の主題に関連しているのかを書いた**「まとめ」**が来ます。これがないと、せっかくの具体例が効力を発揮しません。

「結論」では「全体像」を振り返らせる

結論は再び一般論ではじめましょう。いままで論じてきたことが、読者にとってなぜ重要なのかを再確認してもらうためです。具体性を追求すると、どうしても問題の全体像を見失ってしまうため、**ここで再度、全体像を確認させると、説得力を増すことができます。**

次に、主題の根拠を再び列挙します。くどいように思えるかもしれませんが、読者は結論に行き着いたときには第1の根拠が何だったか忘れていると思ったほうがいい。主題をどのように論じてきたか、いま一度違う表現で言い換えることによって、論理の流れを読者に思い出してもらうのです。

最後に主題を「より強い表現で」言い換えて締めくくります。このときは、「best」「most」といった最上級、「only」など、限定する意味の強い副詞を使うと効果的です。**逆に、序章でこれをやってしまうと、根拠なく自分の意見を正当化しようとしている印象を与え、かえって説得力を失います。**注意しましょう。

146ページの英語論文は、結論で全体の議論をまとめる代わりに、直前で問題提起を行い解決策を提案するかたちで締めくくっています。テンプレートはテンプレートとして理解したうえで自在に応用していく気持ちを忘れてはいけません。

イェール大学式 [リスニング] 養成メソッド ❶

「リスニングが最も難しい」
と断言できる理由

　英語学習には、主に5つのセクションがあるといいましたが、**これらのなかで最も習得が難しいのがリスニング**。多くの人がこれで苦労します。

　リスニングがいかに難しいかを象徴する有名な例があります。1969年、アポロ宇宙船が月面に着陸したときに、アメリカから衛星中継がありました。この放送で通訳を務めたのは、同時通訳の草分け的存在だった西山千氏でした。

　宇宙飛行士が宇宙船から姿を現し、月面に着陸する際、アポロのアームストロング船長が言った言葉は有名ですね。

> That's one small step for a man, one giant leap for mankind.

　実はこのとき、「small step for」の言葉のあとに電波状態が悪くなり、音声が不明瞭になったのです。「a man」であれば、「1人の男（宇宙飛行士）にとって」となりますが、無冠詞の「man」であれば「人類にとって」と訳さなくてはなりません。ところが、その部分が聞き取れずに、さすがの西山氏も一瞬まごつきました。そのあとに「one giant leap for mankind」と続いたので、文脈から「a man」が正しいと推測できたのだと思います。このように、**プロの通訳でも状況によってはリスニングで戸惑うことがあります**。

chapter 5　世界の非ネイティブエリートがやっている最強の英語勉強法

イヤホンでのリスニングは、ノイズ処理の能力が身につかない

　そもそも、なぜリスニングできないのか。私は4つの理由を考えています。

　1つは、**英語のスピードに耳がついていけないケース**。同じインプットでも、英文を読むときは、自分でペースを調整できますが、リスニングではそれが許されません。

　2つめに、**ボキャブラリーが貧弱で、相手が発した言葉の意味がわからない場合**です。わからない単語が出てきた瞬間に頭のなかが真っ白になってしまい、耳が完全にシャットダウンしたという人もいるのではないでしょうか。

　3つめに、**訛りに慣れていないケース**。ひと口に英語と言っても、イギリス英語と北米英語では響きがまったく違います。またアメリカ国内でも地域によって大きな違いがある。インド系やアラブ系の人たちが話す英語にも独特の訛りがあり、慣れるまでは聞き取りに苦労するかもしれません。

　そして**4つめ**として、意外と馬鹿にできないのが、**トレーニングのやり方が原因になっているケース**です。リスニングの勉強をする際には、ほとんどの人がイヤホンをしながら集中して英語に聞き入っています。

155

ところが、**実際に英語を使う環境になると、相手は耳元で囁いてくれるわけではない。つまり、ノイズに邪魔される場合が多い**のです。

たとえば空港のアナウンスは、大勢の人たちのざわめきのなかで聞き取らなくてはなりません。つまり、**実践的なリスニング力を養成しようと思ったら、バックグラウンドノイズも含めた聞き取りができるようになる必要がある**のです。

ちなみに、空港のアナウンスのようなものは実際には定型表現が多いので、重要な情報は音声全体のごく一部です。その一部を正確に取り出そうと意識することがリスニングのコツです。

「オーディオブック」に「台本指なぞり」を組み合わせる

リスニング力を効率的に向上させるためのトレーニング方法を解説しておきましょう。まずやるべきなのは、発音記号をひと通りおさらいすること。これは47ページでもすでに書きましたが、まずは音の違いをはっきりと識別し、発音できるようになっておく。すると、聞き取りにおいてもその識別の能力が生かされます。

次に、動画教材の英語字幕をオンにしながら視聴します。慣れてきたところで、今度は字幕をオフにして動画を視聴。

わからない単語が出てきたら、スクリプトなどを参照し、意味を調べたりしてください。

もう少し難易度を上げたいときは、オーディオブックを使いましょう（いくつかおすすめをピックアップしておきました）。**このときに重要なのは、スクリプトなり紙の書籍なりを同時に指でなぞりながら聞くということ**です。

テキストを指でなぞりながらのリスニング、リーディングをやると、英語本来のリズムを活字と対応させながら把握できるので、非常に効果的です。ひと通り確認が終わったら、今度は「リスニング→聞き流し→集中して聴く」を何セットか繰り返します。イメージとしては陸上競技のインターバル・トレーニングと同じです。

自分の集中力の続く分量でこれを行ってください。5分、10分、15分のセットメニューをつくるのもおすすめです。オーディオブック全部をこうした練習に使うのは無謀ですので、分量を限定して気に入った部分で繰り返しましょう。

リスニング力をある程度のレベルまでに高めるためには、相当な量の英語を聞き込むことが必要になります。1年なら1年と決めて、その期間は自分を英語漬けにし、英語の音の感覚を身体のなかに染み込ませるようにしてください。

おすすめ教材

『What I Talk About When I Talk About Running』

(Haruki Murakami [著] ／ Blackstone Audiobooks)

日本語訳が出版されている英語書籍のオーディオブック版をおすすめしておきます。こちらは『走ることについて語るときに僕の語ること』(村上春樹 [著] ／文藝春秋)の英訳オーディオブック版。

『Outliers: The Story of Success』

(Malcolm Gladwell [著] ／ Hachette Audio)

『天才』(勝間和代 [訳] ／講談社)の原著オーディオブック版です。原著者本人による吹き込みです。オーディオブックは、内容自体が面白いもの、自分が興味を持てるものを使ってください。こちらは万人受けする内容ですし、日本語訳もありますのでおすすめです。いきなり英語だとハードルが高いという人は、翻訳書をさっと読んでから英語に取り組むなど工夫してください。

『Civilization: The West and the Rest』

(Niall Ferguson [著] ／ Tantor Media Inc)

『文明——西洋が覇権をとれた6つの真因』(仙名紀 [訳] ／勁草書房)の原著です。イギリス英語が心地いいという人は、こちらをおすすめします。なお、こちらも原著者本人による朗読です。

イェール大学式［リスニング］養成メソッド❷

動画ニュースを書き起こすと、一挙両得になる

実際にリスニング能力を鍛える際におすすめなのが、「NHKワールド」です。インターネット、テレビ、ラジオを通じて、日本のニュースを英語で聞きながら、耳を英語に慣らしていけるところが利点です。

これだけでなく、インターネットで検索すれば、世界中のラジオ局の放送を聞くことができます。イギリスのBBC、アメリカのPBSなども無料で聞き放題です。中国の国営CCTVや中東のAljazeeraの英語チャンネルなど、珍しい地域の放送も見たり聞いたりできるので、リスニング力を鍛えられるだけでなく、外国の知識もどんどん吸収できます。

ニュースの書き取りは、ライティング力も向上する

リスニング力を確認する方法としていちばんいいのが、**ニュースを聞きながらのディクテーション（書き取り）**です。

塾でも、毎回の授業の冒頭でディクテーションの小テストを行っています。

たとえば、CNNのサイトにアクセスして興味のあるニュース動画を見ながら、聞こえてきた英語をディクテーションしていく。わからないところがあれば何度も繰り返して聞き、なるべく完璧に書き取るようにします。

CNNなどの動画ニュースの場合、文字原稿も一緒に掲載されています。簡単な単語でも、前後の単語を続けて発音さ

れると聞き取れなかったりするので、その場合はわからない
ままにせず、文字原稿を見て答え合わせをしてください。

　これを繰り返していくうちに、自分が不得意とする単語や
発音の傾向がわかるようになります。ニュースを聞きながら
ディクテーションをすることは、**確実にリスニング力を養い
ながら、同時にライティング力も高めることができる。まさ
に「いいことずくめ」の勉強法です。**

　わざわざお金を出して教材を買わなくても、タダで活用で
きる素材はいくらでもある。ある程度の基礎力がついてきた
ら、自分の興味に合わせ、よりライブ感のある動画や音声に
触れていきましょう。自分の好きな素材を使いながら、継続
して耳を鍛えていってください。

おすすめ教材

『NHK WORLD RADIO JAPAN
〔English News〕』(Podcast)

(http://www.nhk.or.jp/podcasts/program/nhkworld.html)

さまざまな言語のものがありますので、英語以外の言語を勉強してい
る人にもおすすめです。日本語ですでに知っている内容について英語
でどう言うか、これをテーマに通勤時間などに聞いてみるといいでしょ
う。毎日聞いていると、知らないうちに英語力がついていたりします。出
だしの30秒をシャドーイングに使うのもおすすめです。

イェール大学式［**リスニング**］養成メソッド❸

「これ!」と決めたら、
500回繰り返そう

　新しいものを次から次へとリスニングするやり方も1つですが、「**これは重要だ**」というものに関しては、**何度も繰り返して聞くようにしてください**。

　私自身もよく「繰り返し」を実践しています。iTunesを確認すると、再生回数が500回に達している動画もいくつかあるくらいです。

　繰り返すときのポイントは、ただ単に聞くのでなく、イントネーションやスピード、息継ぎのタイミングなど、すべてを覚えるくらいの気持ちで取り組むこと。

　そこまで徹底して覚えるのは、当然、大変。しかし、文法や単語の意味がほとんどわかったという状況から、さらなる次元にステップアップするには絶対に必要なことなのです。

　ニュース原稿でもドラマのセリフでも、それを完全に覚えるためには、**自分をキャスターや俳優だと思い込むくらいの遊び心をもって取り組んでいきます**。イントネーションや表情、ジェスチャーを再現できるレベルまで徹底して聞き込み、必要に応じて音読やシャドーイングを練習メニューに組み込むことで、ようやく英語が自分の身体に染み込みはじめます。ここはネイティブスピーカーになったようなつもりで、楽しみながら練習してみてください。

イェール大学式［リーディング］養成メソッド❶

まず一冊、
英語で本を読んでみよう

　英語の文章が読めるようになるためには、もちろんまず文
（センテンス）が理解できなくてはなりません。文法に関する
しっかりとした知識があって、文を1つずつ丁寧に読んでい
ければ、段落（パラグラフ）ベースの英文に挑戦しても、難
なく読み進めていけます。

　ただし、パラグラフベースの長文に挑戦する際に気をつけ
るべきことがあります。受験用の問題集やTOEICの試験問
題がまさにそうですが、ここに掲載されている「長文」たち
は、お互いにまったく関係ないものばかりだということで
す。たとえば、科学についての長文の次に歴史の話が出てき
たりします。

　**このようにぶつ切りになったパラグラフを読むだけでは、
本格的なリーディング力は身につきません。**むしろ、これく
らいの長さの「長文もどき」に慣れてしまうと、本格的な長
文、すなわち1つのテーマについて書かれた書籍や雑誌がと
てつもなく長く感じて、どうしても息が続かなくなってしま
うのです。

英語の文章の「流れ」を体感しないと意味がない

　本格的な長文を読みこなせるようになるためには、あちこ
ちから切り取ってきたパラグラフを大量に読むのではなく、

新聞記事でも文学作品でもいいので、1つのテーマについて書かれているものを通読してみるべきです。

いい文章には必ず流れがある。トピックセンテンスがあり、具体例が続き、1つの結論があり、次のパラグラフに続いていくという具合に、しっかりとした構造が存在しているのです。

こうした全体の流れをつかみながら読む練習をしないと、ただ単に文法を読み解くだけのつまらない英語学習になってしまいます。

また、まとまった量の長文を読むと、関連する語彙が繰り返し繰り返し登場してくるため、記憶としても定着しやすくなるという利点があります。

ぶつ切りのパラグラフを読んでいくと、どんどん新しい単語が出てきて、それを調べているだけで嫌になってしまいます。しかも、全体の流れを楽しむ前に文章が終わってしまう。これではいくら根性の座った学習者でも、途中で投げ出したくなってしまいます。

イェール大学式［リーディング］養成メソッド❷

「英語のため」ではなく、
「自分のため」に英文を読む

　すでに述べたとおり、ライティングの知識はリーディング
をするうえで強い味方になります。とくに英語論文は、「序
章→本文→結論」という型がある程度決まっているので、ラ
イティングを通じた文章構造の理解があると、文章を読む際
にも大きな助けになるのです。

　構造を理解したうえでトピックセンテンスを読んでいけ
ば、全体の大まかな内容をつかむことができます。とくに最
初のセンテンスは重要ですので、じっくりと読んでくださ
い。パラグラフの冒頭で大体の内容をつかんでしまえば、そ
のあとは斜め読みをすることも可能になります。

「英語」ではなく、「書かれた内容」を楽しもう

　それからやっぱり量。リーディング力を伸ばしたいのであ
れば、**できるだけたくさんの文章を読むことです**。参考書な
どに掲載されている例文ではなく、**自分の好きなテーマを
扱ったものを読むようにしてください**。それがモチベーショ
ンを維持するための最善の方法です。

　とはいえ、気合いを入れてたくさん読もうとしても、最初
からスラスラと読めるようになるわけではありません。対訳
のあるものや、文法の説明のあるものを読みつつ、リーディ
ング力をつけていくことです。

164

chapter 5 世界の非ネイティブエリートがやっている最強の英語勉強法

「英語＝勉強」という観念に縛られてしまう人がいますが、その姿勢は見直すべきです。TOEIC や TOEFL の受験を目指し、参考書を勉強するぐらいの英語力があるなら、すぐにでも原書にチャレンジすることです。

ある程度のレベルに到達しているのであれば、**英語を「勉強」するのではなく、「英語で」勉強していったほうが、絶対に力もつく。** もっと実践的になりましょう。

すべてきっちりと辞書で「調べる」必要はない

何を読んでいいかわからないのであれば、大学の一般教養の教科書を読んでみてください。

大学の教科書といっても、一般教養レベルであれば、内容はさほど難しくありません。留学生や移民の多いアメリカでは、大学の教科書でも、ある程度は誰にでもわかる書き方にしないと売れないからです。

読みながら知識もつくので、本当の意味での勉強になる。歴史から社会学、国際政治、心理学、数学と、知的好奇心を刺激しながら英語力を磨けるなんて、最高だと思いませんか？　おすすめ教材のところにいくつかピックアップしておきましたが、アメリカの大学のウェブページからコース・シラバス（講義概要）をダウンロードし、教科書を調べてみるのもおすすめです。

165

読み進めるうえで、当然、わからない単語が出てくると思います。そのとき覚えておいていただきたいのが、**「わからない単語の8割は、最初の20％のページに登場する」**ということ。

　最初の10％のページはわからない単語をしらみつぶしに調べるようにしてください。

　次の10％のページは、頻出するものを中心に意味を拾っていきます。つまり、それ以外のものはスルーしてもOKです。ここまでは単語帳にメモし、必要に応じて暗誦する、書写するなどして覚えます。

　残りの80％のページは必要に応じて調べる程度にし、とりあえずは通読を優先するようにします。

　ポイントは、自分なりにルールを設定して読み進めること。私が大学生だったときは、山手線に乗り込み、駅と駅のあいだに見開き2ページを読破するという目標を設定して速読トレーニングを行ったりしました。

chapter 5　世界の非ネイティブエリートがやっている最強の英語勉強法

おすすめ教材

『Calculus』

（James Stewart［著］／Cengage Learning）

「高校後半の数学から学び直したい理系の人」「MBA留学で経済学や
統計学の知識が必要になる人」は、この本で微積分の基礎をしっかり
学びましょう。数学が得意なら、逆にそれをテコにして英語を効率的に
学ぶことができるはずです。

『Campbell Biology』

（Jane B. Reeceほか［著］／ Pearson）

大学教養課程生物学の定番教科書です。日本の医学部でもよく使わ
れており、邦訳も出版されています。イラストも多いので、楽しく読める
でしょう。最初から読んでいってもいいですし、生物学事典のような使
い方をするために、索引から見ていくのでもいいでしょう。生物学専攻
でなくても、一冊持っておいて損はないと思います。

167

『Principles of Economics』

(N. Gregory Mankiw[著]／Cengage Learning)

経済学を専攻しているわけでなくても、現代を生きる教養として持って
おいて損はない一冊です。数式もそれほど多くなく、わかりやすく解説
してあります。大学で経済学を学んだ経験のある人は、これをヒントに
英語の世界を広げていきましょう。

『Comparative Politics Today』

(Bingham G. Powell他[著]／Pearson)

「英語のニュースが理解できないのは、英語力が不足しているから」と
誤解している人はけっこういます。でも実際には、そもそも世界の出来
事についての背景知識が不足しているだけのケースも少なくない。そ
のような場合、各国の政治体制や社会、文化的な背景について説明し
たこの本が役に立ちます。

『World Politics: The Menu for Choice』

(Bruce Russett他[著]／Wadsworth Publishing Company)

国際政治や戦争と平和の問題に興味があるのなら、この本が役に立ち
ます。

Chapter 6

世界の
非ネイティブエリートは
英語を「勉強」しない

英語学習の［間違ったイメージ］を捨てる

「修行」を続けていても、
あなたの世界は広がらない

　さて、ここまでさまざまな英語勉強法を解説してきましたが、重要なのはやはり「楽しみながら学ぶ」こと——このひと言につきると思います。

　不適切な目標設定をして、不適切な努力を長時間にわたって続けることだけは避けましょう。**こうした「苦行信奉」が日本人の英語習得の障害になっています。**

　つらく厳しい修行のような勉強をいくらしても、実用的な英語は身につきません。**英語を話したり書いたり、聞いたり読んだりできないのは、修行が足りないからではなく、トレーニングの方法が間違っているからなのです。**このことは、英語を学ぶときにつねに意識しておいたほうがいいと思います。

　また、英語をマスターし、利益を享受する以前のところで、満足してしまっている人が多いのかもしれません。

　実際、「どれくらい英語が身についたか」ではなく、「どれくらい英語の勉強をがんばったか」で自分の学習を評価している人をよく見かけます。「今日も音読を50回やった」とか「シャドーイングを30回やった」といって自己満足しているのです。

　つまり、語学を学ぶこと自体に意義を感じ、ひたすら努力を続けることに快感を抱く、いわば**「語学マゾ」**です。

chapter 6　世界の非ネイティブエリートは英語を「勉強」しない

　しかし、語学は使ってこそ、そのすばらしさを実感できるもの。ぜひとも実践的に活用してください。

　英語が使えれば、就職のときに有利になったり、実際の仕事上でもメリットが生じてくるでしょう。また、そうした即物的な利益に留まらず、得られる情報量が無限に広がっていくという利点もあります。

　また、母語である日本語を客観的に捉えられるようになるので、日本語の能力も磨かれる。

　思考法にも変化が出てくるはずです。論理的な思考は日本語特有のあいまいな表現では通用しないので、英語で考えたほうが都合がいい。

　これらも外国語学習がもたらしてくれる大きな副産物でしょう。

補助輪を外して、ペダルを漕ぎ出そう

　英語学習は、ダラダラと長期間やっても成果につながりません。期間を区切って短期集中で一気に仕上げてしまうのにかぎります。あとは、学んだことを実際に使いながら、利益を享受しつつ実力を伸ばしていけばいいのです。

　そういう姿勢で取り組まないと、いつまで経っても英語は身につかない。

171

考え方としては、自転車の乗り方をマスターするという感覚に近い。自転車に乗れるようになるためにずっと「学習」を続けている人はいませんよね。また、自転車の練習そのものに快感を見出している人もいません。ただ単に、自転車に乗れると行動範囲が広がるので、誰もが乗り方を覚えようとするのです。

　最初のうちは、補助輪をつけて練習をします。しばらく経ったら、補助輪を外すタイミングを見計らって、広い敷地で練習したりすると思います。それで「ある程度のレベル」になったら、誰でも道路を走りはじめます。完璧に乗りこなせるようになるまで、何年も公園で練習する人なんていません。

　でも語学の世界では、中学・高校、そして下手をすると大学まで、ずっと公園のなかで自転車の練習をしていて、いつまで経っても外の世界に飛び出していこうとしない人が異常なまでにたくさんいる。
　英語の本来の目的は「行動範囲を広げること」なのですから、ダラダラとやるのではなく、期間と目標を設定して、短期間で習得してしまうべきです。このイメージを忘れないでください。

chapter 6 世界の非ネイティブエリートは英語を「勉強」しない

英語を「勉強」として捉えてはいけない

英語を効率的に身につけたいビジネスマンの方におすすめなのが、**仕事と英語の学習を区別しないこと**です。

たとえば、仕事に関することを勉強するのであれば、英語で勉強してみてはどうでしょうか？ これなら、英語についても仕事についても同時に学べるので、まさに一石二鳥です。

「そんなのはハードルが高すぎる！」と思うかもしれませんが、仕事に関してはすでにある程度の知識があるはずですから、英語であっても驚くほどスムーズに理解できるでしょう。普段から使っている英語のテクニカルタームも出てくるかもしれません。

そこで「面白い！」と思えたら、しめたものです。あとは勢いに乗って、どんどん「英語で」勉強していってください。

英語を1つの「学問」として捉えてしまうと、自らの知的好奇心を最大限に引き出すことができません。自分の興味や好奇心をテコにして英語を学ぶのがレベルアップの秘訣です。

173

ミステリー小説が好きな人は、それを原書で読んでみてください。数学が好きなら、数学の本を原書で読んでみる。きっと日本語で読むのとはまた違った興奮が得られるはずです。

　興味のあることなら、辞書を引くのもあまり苦になりません。しかも、好きなことに関連しているので、忘れにくくなります。オーディオブックがあれば、それを繰り返し聞くことでリスニングの力も鍛えられます。まさに、いいことずくめです。

英語学習における［限界幻想］を捨てる

大人のほうが、英語を短期間で学びやすい

　よく「大人になってから語学を学ぶのは難しい」と言われますが、その考えは正しくありません。

　大人になってからでも、語学はいくらでも習得できるのです。むしろ、大人だからこそ文法などを分析的に理解できるので、その知識をテコに習得の速度にドライブをかけることができる。

　また、本書が紹介してきたメソッドについて言えば、年齢限界説などまったく気にする必要はありません。英語が勉強したくなったのであれば、**年齢に関係なくいますぐ「正しい方法で」学べばいいのです。**

　一方で、子どもはたしかにすばらしい音感を持っていて、ものすごい速度で発音などを吸収していきます。しかし、分析的に文法を理解する能力は大人に劣ります。公立中学校の生徒が3年かけて学ぶ文法も、大人なら1週間で復習することも十分可能ですし、そのための教材もたくさんあります。

「英語ができる」の意味が曖昧だから「できないまま」

　「英語ができる」とか、「英語がうまい」という場合にもいろいろなレベルがあります。**このイメージや目標がしっかりと設定できていないから、いつまでも英語の「修行」を続けることになってしまうのではないかと思います。**

以前、小泉純一郎元首相の通訳を担当したことがあります。小泉さんが公の場で英語を話す場面はあまりありませんでしたが、当時、ブッシュ大統領と個人的な信頼関係を築けたことからもわかるとおり、彼は「十分な」英語力を持っていました。

　たとえば各国との首脳会談のときなどは、ひとまず通訳を介して交渉するものの、相手が話す英語を十分理解できていたので、通訳が翻訳している時間を利用して「次に何を言うか」を頭のなかでまとめていたようです。そういう意味では、当時の小泉さんの職責において、彼は「十分な」英語力を備えていたことになります。

「英語ができる」というのはそういうことです。**その人の役割やポジションにおいて、適切な英語力がありさえすればいいのです。**

　イェール大学などのアイビーリーグでは、新入生向けのガイダンスで必ず「スケジュールマネジメント」について講義が行われます。ここでは、目標の設定の仕方から、その目標に対する達成度を分析する方法、さらに足りないところをどう補うかについての方法が語られます。

　これと同じようなガイダンスが日本の英語学習者にも必要なのかもしれません。

chapter 6 　世界の非ネイティブエリートは英語を「勉強」しない

「英語がうまくなりたい」という漠然とした目標を立てる人はたくさんいますが、それだけではいつまで経っても目標は達成されません。目標があいまいすぎるからです。

ぼんやりした目標ではなく、「営業でプレゼンができるレベルの英語力がほしい」「ビジネスレターが書けるようになりたい」「旅行先のバーで現地の人と雑談ができるようになりたい」など、**具体的な目標を絞り、それに向けた学習メニューを組み立てていくことが必要不可欠なのです。**

また最初から完璧を求めるのではなく、「映画のセリフが半分程度わかる」のように、実現可能性も視野に入れた目標を立てることが大切です。

いちばんヤバいのは「英語しかできない人間」

さらに言うと、英語の能力以前に、英語で表現する中身を磨いていくことも求められます。

たとえば、英語で営業のプレゼンをする場合、相手企業に対して利益になるような提案ができなければ、流暢な英語が話せても相手には関心を持ってもらえません。**話に中身がないのに、英語プレゼンのスキルだけで生き残ろうというのは虫のよすぎる話です。**

177

私の場合を考えても、教壇に立ちはじめたばかりのころは、それほどスラスラと英語が出てきたわけではありません。それでもクビにならず、アメリカの大学で生き残ってこれたのは、それまで学んできた政治学という分野で、オリジナリティのある知見を持っていたからなのだと思います。

　逆に、ものすごく英語ができても、大学の先生になれずに大学院を途中で去っていく留学生もいますし、ネイティブであるアメリカ人でも、研究者になろうと思えば、やはりものすごく苦労しなければならないのです。
　この個人的体験を考えてみても、やはりどういう場面で英語を使いたいのかという明確な目的意識がないと、英語の習得というのは難しいのではないかと思います。

　ちなみに、アメリカの大学に就職しようとする場合、採用のための面接・模擬授業・研究発表のあとに、必ずといっていいほど夕食会の日程が入ります。そこでうまく未来の同僚たちと雑談できないと、まず採用してもらえません。オールラウンドな英語力が試されるという意味では、TOEFLや英検とは比べものにならないほどの緊張感だったのを覚えています。

英語学習における［ネイティブ信奉］を捨てる

ネイティブスピーカーへの幻想はもう捨てよう

　英語習得に関する誤解ということで、最後に注意しておきたいことがもう1つあります。「英語はネイティブスピーカーから教わったほうが絶対に上達が早い」と信じている人がいますが、これは大きな間違いだということです。

　率直に言って、「**ネイティブに習った場合、最終的な習得までにかかる時間はより長くなる**」というのが私の考えです。

　英語のシャワーを浴びる、いわゆる**イマージョンプログラム**を取り入れている塾や学校も増えてきましたが、この方法だけで英語を習得しようとすると、相当な時間を要します。時間がかかってもいいのであれば、それでかまわないのかもしれませんが、それなら日本でやるよりも現地に留学したほうが絶対にいい。

「日本人英語」を熟知するネイティブ教師はダメ!?

　イマージョンプログラムでネイティブスピーカーと直接やり取りすることができれば、音に慣れるという点で効果は大きいかもしれません。しかし、音に慣れるだけなら動画教材やオーディオ教材で代替できます。

　一方で、ある程度の実力を持った人がネイティブに文章を見てもらったり、会話の練習相手を務めてもらうというので

179

あれば、教育効果も高いでしょう。

それでも、ネイティブとのイマージョンプログラムに過大な期待を寄せるのは危険です。

考えてみれば当然のことですが、ネイティブだからといって、必ずしも全員が教えるのがうまいというわけではありません。

よく見受けられるのが、生徒に妥協してしまっているネイティブの先生です。**日本に長期間滞在してきた結果、「日本人の英語のクセ」に慣れてしまって、細かいところをいちいち直していてはキリがないと諦めている先生もけっこういる**のです。

こういう先生に行きあたり、丁寧指導を放棄されてしまったら、ネイティブとの時間を一緒に過ごすためだけに高い授業料を払っていることになる…。

こんな「語学版出会い系」のような状況は、あまり好ましいものだとは言えません。

子どもの英語教育でも「ネイティブだけ」はNG

最近の流行なのか、ネイティブスピーカーがいるのを売りにする幼稚園・保育園も増えてきました。

ところが、子どもたちの英語が期待どおりにうまくなって

chapter 6 世界の非ネイティブエリートは英語を「勉強」しない

いるという話は残念ながら聞きません。

　私が思うに、一定の効果を出そうと思ったら、週20時間程度は英語しか使わない環境に子どもを置くようにし、それを2 ～ 3年は続けることが必要です。しかも、そのあいだは日本語での学習は諦めなければいけません。

　うまくいっていない理由はそれ以外にもいろいろあります。もちろんネイティブですから、「君のその発音はおかしいよ」と言うことくらいはできるでしょう。

　でも、あなたがアメリカの幼稚園児たちに日本語を教える立場になったとして、どれくらい真剣に彼らの発音を矯正しようとするでしょうか。しかも、子どもたちにわかるような表現で、どう発音すればいいかを「英語で」説明しなければならないとなれば、ものすごく大変ですよね。

　こうなると、子どもたちがなんとなく先生の真似をして、発音を磨いていってくれることを期待するしかありません。なかには、きれいな発音を身につけられる音感の優れた子どももいるでしょう。しかし、どうしてもカタカナ英語になってしまうケースが大半です。

　結局、ネイティブの先生を囲んで、幼稚園児たちが日本語で遊んでいるだけという状況に帰着してしまいます。これで

はまともな教育効果は望めません。

　ネイティブの先生がいるからといって、英語の上達が早まるわけではありません。そこはじっくりと考えて、効果的なネイティブとの学習法を取り入れるべきでしょう。高いお金を払ったのに、何の効果もないというのでは不幸なだけです。

Epilogue

イェールを辞めた私が、
英語塾をはじめた理由

本書の冒頭でも書きましたが、私自身、いまだに英語を満足に話せるようになったとは思っていません。

　もちろん、非ネイティブとしてはかなり発音矯正に力を入れてきましたし、幸いアメリカの大学で教えていたときにも「何を言っているのかさっぱりわからない」というクレームを受けたことはありません。

　でも、まだまだ完璧とは言えません。これからも努力を続けていきたいと思っています。「『英語は修行ではない』と言ったじゃないか！」と怒られそうですが、**実のところ、私自身も英語の修行が大好きなのかもしれません。**

　でも、その修行は決してつらいものではなかった。むしろ、英語でさまざまなことに触れるのが楽しくて仕方がなかったのです。

　「それを追いかけ続けていたら、気づけばイェール大学の教壇に立っていた」というのが偽らざる思いです。

とにかく英語を使うのが楽しかった

　山形県酒田市の農家で生まれ育った私が、英語を本格的に学びはじめたのは中学生になってからでした。当時の私のまわりには英語を話す人など1人もいません。ほとんどの人が訛りの強い庄内弁を話していて、日本語の標準語すら怪しい

Epilogue イェールを辞めた私が、英語塾をはじめた理由

状況でした。

　私が英語に一気にのめり込むことになったのは、中学2年生の夏休みのとき。伯父の家にアメリカのペンシルベニア州の大学生がホームステイにやって来たことがきっかけでした。どういう経緯からか、とにかく私が一族郎党のなかでいちばん英語ができるという話になり、彼の通訳を任されたのです。

　まだまだ拙い英語でしたが、そのとき初めて「英語が通じた！」という実感があり、それがとんでもなくうれしかったのを覚えています。

　こんな話をすると、**「地頭のいい子どもだったんでしょう？　私のような普通の人ができるようになるためにはどうすればいいんですか？」**などと質問を受けることも多いのですが、当時の私の成績は、校内でも「中の上」ぐらい。学校も地元の公立中学校です。

　ただ、英語は好きでした。このときの原体験があったからこそ、英語を入り口にして世界がどんどん開けていく楽しさにのめり込んでいけたのだと思います。

　そのほかにも、短波ラジオで英語の実況中継を聞いたり、洋楽のレコードを買ってきて歌詞カードを指でなぞりながら

185

音楽を聞いたりというように、とにかくひたすら長時間にわたって英語に触れていました。

決して効率がよかったとは思えませんが、自分自身の英語学習歴を振り返ってみて思うのは、英語自体を「学ぶ」期間は最小限にし、「英語を使って別の何かを学ぶ」「英語のコンテンツを英語で楽しむ」というスタイルにすぐ切り替えたのがよかったと思っています。

さきほどの自転車の例で言えば、補助輪を外してさっさと公道へと漕ぎ出してしまったような感じでしょうか。

高校に入ってからも、英語の勉強は熱心に続け、高校1年生の夏休みには受験英文法を独学でひと通り学び終えてしまいました。

それからは、留学してきたカナダ人の高校生と一緒に映画を見に行ったり、町の本屋で洋書のペーパーバックを取り寄せ、よくわからないながらも読んだりする日々。

そうすると、ますます英語が楽しくなります。とにかくいつも英語のことを考えていたので、当時から英語で夢を見るという経験もしていました。

Epilogue　イェールを辞めた私が、英語塾をはじめた理由

イェールでは英語で苦労したことも…

　その後、東京の大学・大学院で学んだのち、アメリカにわたることにしました。当初、カリフォルニア大学ロサンゼルス校（UCLA）の大学院に進んだのですが、翌年にはイェール大学の大学院に移り、博士号を取るまでの6年間、比較政治経済学の研究に明け暮れることになりました。

　イェールで博士号を取得してからは、教員として政治学を学生たちに教えることになりました。その間、日本の衆院選に立候補し、当選するという出来事もありました。実は2002 ～ 2003年には、衆議院議員として政治活動もしていたのです。

　いま振り返ると、本当に計画性のない人生です。中期的には、大きな計画を立てて緻密に事を運ぶタイプなのですが、より大きなフレームで見ると、けっこう行き当たりばったりだったなという感じがします。

　アメリカにいたときにいちばん苦労したのは、教わる側から教える側に立場が変わったときです。
　イェールの大学院で政治学の博士号を取得しようとしていたとき、私はティーチングアシスタントとして国際関係論の

授業を担当することになりました。このときの最初の学期は本当に大変でした。いま思い出しても、当時の緊張感がまざまざと蘇ってきます。

　まず、学生たちの英語のスピードが速くてついていけませんでした。授業中に学生から矢継ぎ早に質問をされるのですが、それがなかなか聞き取れないのです。最初のうちは頭を抱えましたが、ネイティブの先生たちも学生からの質問の意味がわからなくて聞き返していたことを思い出して、それからは焦ることもなくなりました。

　新米のティーチングアシスタントですから、ベテランの教授のように教えられないのは仕方ありません。仮に言葉の問題や教え方の不備で学生に迷惑をかけるようなことがあるとすれば、作文を丁寧に添削する、メールに親切に返信するなどして補い、学生の満足度を上げる努力をしていました。

　いい加減な仕事をするティーチングアシスタントは、次の学期からの仕事がなくなり、所属している大学によっては放校になる可能性さえあります。そういう厳しい世界ですから、自分の全キャリアをかけて授業をしなければならないわけです。こうなると人は誰でも必死になります。

　実は、この必死さが英語を学ぶ際には求められるのです。

Epilogue　イェールを辞めた私が、英語塾をはじめた理由

少々、精神論的なことになってしまうのですが、最後のところで踏ん張れるかどうかが、やはり語学学習の達成においても決定的に大切だと思います。

しかし実際には、そういう状況で気持ちが折れてしまう人も少なからずいます。せっかく続けてきたのに、途中で諦めてしまうのは非常に残念ですよね。

では、なぜそうなるのか？　答えは実にシンプル。
英語を「勉強」として捉えてしまい、楽しむことを忘れてしまったからです。

これを避けるには、「自分の好奇心をくすぐってくれる教材」を選ぶことです。私もやはり、そうやって英語を使うことをどこかで楽しめていたからこそ、途中で挫折することなく英語を続けられたのだと思います。

なぜ「大学の先生」ではなく、「塾の先生」なのか

イェール大学で政治学を教えて4年ほど経過したとき、山形の母が病気になりました。助教授としての契約期間はまだ5年ほど残っていたのですが、日本に帰国することにしました。

その後、母も元気になり、結果的には帰ってきてよかったなと思っています。

189

日本に帰ってきてから何をするかをいろいろと考えました
が、最終的に選んだのは、やはり「教えること」でした。
「なぜ英語なのか」については、Prologueでお伝えしたとお
りですが、**「なぜ中高生向けの塾なのか」ということについ
ても、理由があります。**

　日本に戻ってくることになったとき、実はいくつかの大学
からも、非公式ながらポストのオファーをいただいていまし
た。しかし、大学の教員として研究を続けながら、特定の専
門分野について学生たちを指導する道を選ぼうという気持ち
はもう起きなかった。なぜか？

　研究者はよく「インパクトファクター（影響要因）」とい
う言葉を使います。研究者たちが自分の研究のインパクト
ファクターを測定するときには、自分が書いた論文がどれく
らい「引用」されたかを参照します。
　**私がそのとき考えていたのは、「どうすれば自分という人
間のインパクトファクターを社会全体に対して最大化できる
か」ということでした。**
　そこでたどり着いた答えが、いまのJ Prep斉藤塾だったの
です。将来、子どもたちが私の塾で学んだことをいろいろな
ところで活かし、自分たちの選択肢を広げることができれ
ば、私がこれまで培ってきたことをより多く社会に還元でき

Epilogue　イェールを辞めた私が、英語塾をはじめた理由

るのではないか。日本の大学で教授職につくよりも、**塾をつくるほうが社会に与えられるインパクトは大きくなると考えたのです。**

「イェールを辞めて英語塾を開いた」と言うと誰からも驚かれますが、私としてはきわめて合理的な選択をしたという思いなのです。

英語を使って新しい世界に繰り出そう

　今後も英語の重要性はますます高まっていきます。英語を身につける必要性があるのは、何も中高生だけにかぎりません。すでに社会人になっている人も、英語力が求められる場面が増えてくることでしょう。

　英語ができるようになれば、確実に世界が広がります。英語を身につけて新しい世界に繰り出してみてください。必ず自分のためになる何かを見つけられるはずです。

　世界を広げるという意味で、自分の塾でやっていることもあります。例えばコンピュータ・プログラミングや言語学を英語で教えたりしていますし、統計学を開講する準備もしています。そこには、自分の世界を広げる道具として英語を使

うのだというメッセージが込められています。

　この試みは、英語塾としてかなり珍しいものでしょう。

　私の塾は狭い意味での受験進学塾ではありません。
　実用的なテーマについて学びながら、英語を習得してもらおうと考えているのです。
　本書で何度も述べたとおり、英語を勉強するのではなく、英語で何かほかのことを勉強したほうが一石二鳥ですし、何よりも楽しみながら続けられる。

　完璧でなくても気にすることはありません。ある程度のレベルに達したら、目先を切り替え、英語を実際に使いながらレベルを上げていくべきです。
　間違いを気にする必要も一切ありません。YouTubeのコメント欄を見ればわかると思いますが、世界中の人たちが文法的に間違いだらけのコメントを英語で投稿しているのです。とにかくはじめの一歩を踏み出してみることが大切です。

　学んだ英語を生かして、いろいろな場面で使ってみてください。皆さんの世界が拡がり、人生に新たな水平線が切り開

Epilogue　イェールを辞めた私が、英語塾をはじめた理由

かれることを期待しています。

　最後に、この本を完成させる過程でJ Prep斉藤塾のスタッフは一丸となって私を支えてくれました。

　また私の配偶者である斉藤尚美は、私が1990年代半ばから発表してきたすべての図書・論文についてつねに第一査読者であり続けました。まだ大学院生だったころから、公私ともに私の活動を支えてくれた彼女の献身に、この場を借りて感謝します。

斉藤淳

文庫化あとがき

あえて究極の「勉強法」を求める
学習者のために

　2014年に『世界の非ネイティブエリートがやっている英語勉強法』が出版され、多くの読者を得たことは非常に大きな喜びでした。応用言語学や外国語教授法の世界で常識的にいわれていることを、自分なりに実践しながら自ら英語を仕事で使い、また生徒を指導してきた方法が、多くの読者に共有されるのは、大変に嬉しいことです。

　この間、自分の指導している生徒が海外の大学や高校に留学したり、人生の選択肢をどんどん広げていることが何よりも嬉しいことでした。同じように多くの人々が、新たに英語を外国語として、つまり非ネイティブとして習得することで、新たな選択肢を手にすることができれば、願っています。

　さて読者からの反応で「練習方法をもっと具体的に示して欲しい」というリクエストが多かったことは意外でした。というのは、語学習得にいたる練習で一番楽しいのは、自分なりの練習方法を自分なりに編み出していくところだからです。最後の一工夫を自分で tweak (微調整) するようにしないと身につきませんし、反復するのが辛くなってしまいます。

　それだけでなく「勉強法を気にするよりも、実際に使いながら覚えよう」というのが自分のメッセージでもあります。

試験マニアにも通じることなのですが、勉強法を勉強しだすと、勉強時間が少なくなってかえって成績が下がってしまうという、笑えない状況になってしまいます。それでも、勉強法をもう少し詳しく極めたいという学習者に、ヒントを提供する良書を紹介することはできます。

勉強法を極めるためには、英語教師向けに書かれた「教授法」を学習者の視点で読むことをお勧めします。教室で多数の生徒を指導しなければならない教師向けに書かれた方が、「なぜ」そのような練習をするのか、理由が丁寧に書いてあります。たとえば白井恭弘氏の著書を読み、第二言語習得法の考え方を、より学術的に捉えることで得ることも多いはずです。

『英語はもっと科学的に学習しよう SLA(第二言語習得論)からみた効果的学習法とは』白井恭弘（著）、KADOKAWA

参考文献リストも付いた本格的なものとしては、
『言語はどのように学ばれるか──外国語学習・教育に生かす第二言語習得論』パッツィ・M.ライトバウン、ニーナ・スパダ（著）、岩波書店

をお勧めしておきます。本書でも頻繁に登場したシャドウイング練習については、門田修平氏の一連の著作をおすすめします。この応用で同氏がスピーキング指導について書いたのが

『英語スピーキング指導ハンドブック 単行本』門田修平、泉惠美子（著）、大修館書店

　単語が覚えられないという相談もまた多いのですが、語彙の習得について決定版は次の本です。
『英語教師のためのボキャブラリー・ラーニング』I.S.ポール ネーション（著）、松柏社

　このように、理論的、経験的裏付けのある学術的知見を参考にしながら、自分という人間にあったメニューを編み出すのは創造的で楽しい作業です。大切なのは、学術的知見は平均的に効く方法を明らかにしていますが、自分にあったやり方かどうかは、自分で判断するしかないということです。

　よく「語学に王道なし」といわれます。これは、語学習得に最短距離はないのだから地道にコツコツ頑張るしかないという精神論を説いたものですが、この考え方は30%はあたっていますが、70%は間違っています。

文庫化あとがき

　実際には語学の王道に近いものがどのようなものか分かってきています。一方で、赤いじゅうたんが敷かれた王道があったとしても、そこを歩かないことには何も始まりません。ですので、非ネイティブとして外国語を学ぶときには、「語学の王道を堂々と胸を張って歩く」姿勢を堅持し、「実際に歩く」ことが大切だと言えます。

　上記の図書数冊は、語学の王道の入口とガイドマップは示してくれます。学習者はこれを歩かなければならないのです。このことを忘れてはなりません。

　そして最後に一番大切なことを、説教臭くなってしまうことを覚悟しながらあえて申し上げます。語学の王道があなたを導く目的地、これは一人一人異なるということです。世界に自分は一人しかいないのだ、自分の歩む王道は自分で描くのだという気概を大切にすること。

　文庫版を最後まで読んで下さった読者に、心からのエールを込めて。

2016年9月 自由が丘にて　斉藤　淳

〔著者紹介〕

斉藤 淳（さいとう じゅん）

　中学・高校生向け英語塾「J Prep斉藤塾」代表。元イェール大学助教授。元衆議院議員。

　1969年山形県生まれ。上智大学外国語学部英語学科卒業、イェール大学大学院博士課程修了（Ph.D. 政治学）。イェール大学助教授、高麗大学客員教授などを歴任。

　2012年、アメリカより帰国し、東京・自由が丘にて英語塾を起業。現在自由が丘、渋谷、山形・酒田にて塾を展開。「自由に生きるための学問」を理念に、第二言語習得法の知見を最大限に活かした効率的なカリキュラムで、生徒たちの英語力を高め続けている。

　研究者としての専門分野は日本政治・比較政治経済学。主著『自民党長期政権の政治経済学』により、第54回日経・経済図書文化賞などを受賞。

中経の文庫

世界の非ネイティブエリートがやっている英語勉強法

2016年11月12日　第1刷発行

著　者　**斉藤　淳** (さいとう じゅん)

発行者　**川金正法**

発　行　**株式会社KADOKAWA**
　　　　〒102-8177 東京都千代田区富士見2-13-3
　　　　0570-002-301 (カスタマーサポート・ナビダイヤル)
　　　　受付時間 9：00～17：00 (土日 祝日 年末年始を除く)
　　　　http://www.kadokawa.co.jp/

DTP ニッタプリントサービス　　印刷・製本 暁印刷

落丁・乱丁本はご面倒でも、下記KADOKAWA読者係にお送りください。
送料は小社負担でお取り替えいたします。
古書店で購入したものについては、お取り替えできません。
電話049-259-1100 (9：00～17：00／土日、祝日、年末年始を除く)
〒354-0041 埼玉県入間郡三芳町藤久保550-1

本書の無断複製 (コピー、スキャン、デジタル化等) 並びに無断複製物の譲渡及び配信は、
著作権法上での例外を除き禁じられています。また、本書を代行業者などの第三者に依頼して
複製する行為は、たとえ個人や家庭内での利用であっても一切認められておりません。

©2016 Jun Saito, Printed in Japan.
ISBN978-4-04-601770-3　C0182